FAITS

ET

RENSEIGNEMENS,

PROUVANT

LES AVANTAGES DU TRAVAIL LIBRE SUR LE TRAVAIL FORCÉ,

ET

INDIQUANT LES MOYENS LES PLUS PROPRES A HATER L'ABOLITION
DE L'ESCLAVAGE DANS LES COLONIES EUROPÉENNES;

PAR ZACHARY MACAULAY,

F. R. S. DE LONDRES.

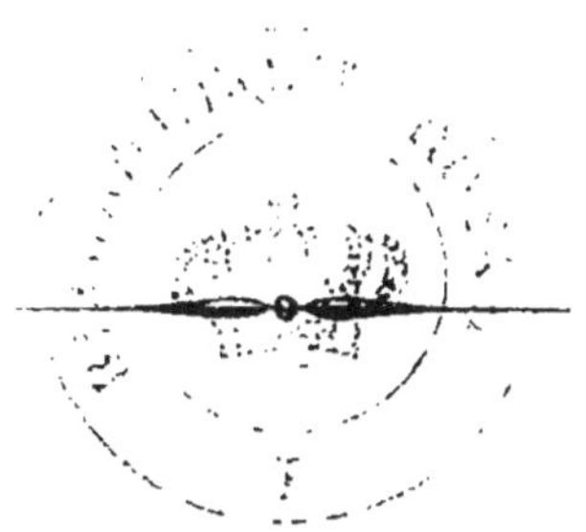

Paris,

CHEZ HACHETTE, LIBRAIRE,
RUE PIERRE-SARRASIN, N° 12.

1835.

PARIS. — IMPRIMERIE DE DEZAUCHE,
FAUBOURG MONTMARTRE, Nº 11.

TABLE DES MATIÈRES.

AVANT-PROPOS.

L'auteur de cet ouvrage n'a aucune prétention au mérite de l'originalité. Il se propose uniquement de mettre sous les yeux du public quelques renseignemens récens et authentiques sur une question qui acquiert chaque jour un nouveau degré d'intérêt, celle de l'abolition de l'esclavage colonial.

Déjà, dans une brochure intitulée *Haïti*, il a cherché à diminuer les préventions qu'ont naturellement fait naître en France les atrocités, et les désastres qui ont signalé l'émancipation des esclaves à Saint-Domingue. L'histoire véritable de cette révolution et ses résultats, ou n'étaient que très-imparfaitement connus, ou avaient été singulièrement défigurés. Il semblait que tous les colons, anglais et français, eussent pensé qu'il était de leur intérêt de donner l'idée la plus défavorable et la plus odieuse possible d'une république composée de nègres affranchis. Mais l'auteur est pleinement convaincu que les détails qu'il a donnés de l'histoire passée, et de la condition présente, de ce peuple extraordinaire, sont au-dessus de toute controverse ; il les a publiés avec une entière confiance dans les sources où il les a puisés : aussi ne craint-il pas d'appeler sur ces détails la critique la plus sévère ; s'il arrivait qu'on le convainquît d'erreur ou d'exagération, il s'empresserait de le reconnaître et d'en faire une réparation convenable.

Il a cru, en outre, devoir présenter sous leur véritable jour les effets qui avaient résulté jusqu'à ce moment de l'acte du parlement d'Angleterre qui, le 1er août 1834, a proclamé la liberté des esclaves dans toutes les possessions britanniques (1).

A ces deux publications il en a depuis ajouté une troisième, qui a pour titre : *Tableau de l'esclavage, tel qu'il existe dans les colonies françaises*; et quelque épouvantable que puisse paraître ce tableau de misère et de dégradation, l'auteur n'a qu'à se féliciter du témoignagne rendu à son exactitude par les hommes distingués qui se sont réunis à Paris en Société pour l'Abolition de l'Esclavage (2).

Il a pensé que la longue et triste étude qu'il a faite personnellement des maux qu'entraîne l'esclavage, pouvait l'autoriser à prendre ce parti; mais il lui a semblé aussi que cette même expérience lui imposait le devoir de faire un pas de plus, en fournissant au public de France un supplément d'information qui achevât de démontrer que l'extinction la plus prompte de l'esclavage serait une opération aussi facile qu'exempte de danger; et de faire sentir les avantages qui doivent résulter d'une mesure que réclament, à grands cris, l'humanité et la justice.

Cependant s'il s'est rangé parmi les défenseurs de cette noble cause, il n'a pas eu en vue seulement le bien-être des infortunés qui portent aujourd'hui le

---

(1) Voyez pour cela l'*Anti-Slavery Reporter*, n° 112.

(2) Ces trois ouvrages se trouvent chez Hachette, rue Pierre-Sarrasin, n° 12.

joug de l'esclavage dans les colonies françaises, ni celui de leurs maîtres, non moins à plaindre peut-être qu'eux; mais il a été mu aussi par des considérations d'un ordre plus élevé. Sans doute, on doit voir avec joie la France et l'Angleterre réunir leur puissance pour assurer l'indépendance, la paix et la prospérité de leurs contrées respectives et de celles de leurs alliés. Mais ce qu'il faut désirer plus ardemment encore, c'est de les voir s'entendre et s'entr'aider pour donner à l'univers l'admirable exemple de deux grands peuples travaillant, de concert, à répandre partout où s'étend leur empire les bienfaits de la liberté et de la civilisation, ainsi que les lumières du christianisme, afin que les autres nations, qui peuvent hésiter encore à les suivre, acquièrent la conviction que, pour être grandes et florissantes, il faut qu'elles fondent leur politique sur les principes éternels de la justice; et quand elles auront pris la résolution de consacrer dans leur code de lois cette maxime émanée du ciel même, qui veut *que nous fassions pour autrui ce que nous désirons qu'il fasse pour nous-mêmes*, alors, et seulement alors, ces nations pourront espérer la faveur de Dieu. Peut-être l'Espagne, le Portugal, la Hollande, les États-Unis d'Amérique, et la Russie elle-même, ne tarderont pas à recevoir l'impulsion sainte; et des millions de leurs sujets, qui gémissent encore dans les fers du plus abject esclavage, seront appelés à se réjouir de la bienfaisante et généreuse influence qui aura ainsi contribué à briser leurs chaînes, et à soulager leur misère.

FAITS

ET

RENSEIGNEMENS,

ETC., ETC.

CHAPITRE PREMIER.

PORTO-RICO.

Les faits et documens qui suivent sur l'état présent du commerce et de l'agriculture, sur la condition physique et morale de la population de Porto-Rico, comparée avec les colonies des autres puissances de l'Europe, sur la supériorité évidente du code espagnol relatif aux esclaves ; sur les avantages immenses du travail libre sur le travail forcé, etc., etc., sont tirés de l'ouvrage du colonel Flinter, officier d'état-major de l'armée de sa majesté catholique, chevalier-commandeur de l'ordre royal d'Isabelle-la-Catholique, imprimé en anglais, à Londres, chez Longman et compagnie, Pater-Noster-Row, en 1834, in-8° de 392 pages. Les extraits ci-dessous sont tous contenus dans son neuvième chapitre.

« Entre les colonies espagnoles il existe, » dit le colonel Flinter, « ainsi que je l'ai déjà fait voir, et celles des autres puissances de l'Europe, dans les Indes occidentales, un contraste si frappant, qu'il ne saurait échapper à quiconque observe l'énorme prépondérance numérique des blancs, et des gens de couleur, sur la population esclave. Mais ce contraste acquiert un nouveau degré de force, et il en rejaillit un plus grand honneur encore sur les règlemens coloniaux de l'Espagne, si l'on jette un coup d'œil sur les mesures préparatoires qu'elle a adoptées pour faciliter l'émancipation définitive des esclaves, en établissant, long-temps à l'avance, et en encourageant le travail libre dans ses colonies. La substitution progressive de ce travail au travail forcé est, suivant moi, l'expédient le plus judicieux et le plus sûr pour arriver à une émancipation absolue et sans restriction dans toutes les Indes occidentales. Malheureusement, dans les colonies de la France et de l'Angleterre, on n'a pas encore fait franchement l'essai du travail libre, on n'a pas cherché de bonne foi à en vérifier l'efficacité, et la possibilité de le substituer à celui des esclaves. Dans la plupart des îles des Indes occidentales, la totalité des terres appartient à un petit nombre de grands propriétaires; aussi, les travaux agricoles sont-ils exécutés presque exclusivement par des esclaves; et l'esclavage étant, pour ainsi dire, marqué au front d'un stigmate indélébile d'infamie et de dégradation, il en résulte que rien au monde ne pourrait décider les blancs, ou les gens de couleur, dans quelque misère qu'ils se trouvent, et quelque salaire ou quelque indépendance qu'on pût leur promettre, à travailler dans les champs comme journaliers. Si donc on voulait jouir de l'intéressant spectacle d'un petit propriétaire aisé, possédant quelques arpens de terre bien cultivés, travaillant avec sa famille pour se procurer une existence douce et confortable, ce ne serait pas dans les colonies de la France ou de l'Angleterre qu'il faudrait chercher cet exemple d'industrie agricole et de bonheur domestique; c'est un phénomène inconnu dans ces colonies, où les blancs des dernières classes et les gens de couleur libres vivent, en général, dans le plus misérable état de misère, de vice et de prostitution.

« Je vais maintenant prouver par l'exemple et par la pratique journalière des colonies espagnoles que les blancs, ainsi que les hommes de couleur nés sous le climat des tropiques, sont propres au travail des champs aussi bien que les naturels de l'Afrique ; que toutes les productions de ces climats peuvent être cultivées par leurs mains ; et que le travail libre, moyennant les règlemens et les restrictions convenables, est à meilleur marché et plus avantageux pour le planteur que le travail forcé des esclaves. Les travailleurs libres, tant blancs que de couleur, qu'on ne peut se procurer dans aucune des colonies anglaises ou françaises des Indes occidentales, forment une portion considérable et la portion la plus utile de la population de l'île de Porto-Rico. Il y avait autrefois dans cette classe un grand nombre d'individus qui n'avaient pas un pouce de terrain en propre qu'ils pussent cultiver ; et le gouvernement espagnol, par une mesure dont on ne peut qu'admirer la sagesse, ordonna qu'une distribution des terres de la couronne, sans aucune taxe ou rétribution, serait faite à ceux qui en demanderaient, à la seule condition que les terres ainsi concédées seraient mises en culture, sans quoi le concessionnaire ne pourrait les aliéner, soit par vente, soit par donation, et qu'elles feraient retour à la couronne, s'il était constaté qu'elles n'eussent pas été défrichées. En faisant donc le calcul du nombre des habitans de Porto-Rico qui vivent de l'agriculture, on trouve qu'il n'y en a pas plus de quarante-cinq mille environ qui ne soient pas propriétaires, et qui, en général, occupent une pièce de terre et une cabane, sur des terrains appartenant aux plus riches propriétaires, lesquels en ont cinq cents ou même mille acres. Ils sont fermiers ou locataires, à volonté ; et cependant si, de son côté, le propriétaire voulait les renvoyer de leurs habitations ou leur ôter ses terres, il serait tenu, au préalable, de leur payer la valeur du terrain dont ils auraient abattu le bois, et qu'ils auraient préparé pour le mettre en pâture ou en culture, ainsi que le prix des cafiers, arbres fruitiers, cannes ou plantains qu'ils y auraient mis, le tout d'après une estimation légale, et avec toutes les formalités de la plus stricte justice. Jadis, cette classe de la population, en grande partie composée de blancs, menait la vie d'une tribu d'Arabes, errant continuellement d'un lieu à l'autre, sans demeure fixe et sans

industrie régulière. Ils se bornaient à bâtir dans les bois des
huttes temporaires, pour s'y abriter eux et leurs familles
contre la rigueur des saisons ; ils ne savaient pas ce que c'é-
tait que de semer ou de planter, pour assurer la subsistance de
leurs familles, et se contentaient des ressources précaires qu'ils
se procuraient en glanant sur les plantations voisines, ou que
leur fournissaient, soit les arbres fruitiers sauvages des forêts,
soit le poisson en si grande abondance dans les nombreuses
rivières qui fertilisent cette contrée. Ces hommes, qui n'é-
taient autrefois qu'un embarras et presque un fléau pour le
pays, s'appliquent maintenant à la culture du sol, et élèvent
leurs enfans dans une sorte d'aisance, comparativement à leur
ancien état ; ils sont sainement logés dans des cabanes couvertes de chaume et imperméables à ces torrens de pluie si com-
muns sous les tropiques ; leurs habitations sont entourées de
pièces de terre bien cultivées, où ils font venir en abondance
toutes sortes de provisions, comme plantain, fruits, cafiers ;
ils y élèvent en outre des porcs et de la volaille, et tous, à peu
d'exceptions près, ont une ou deux vaches, qui fournissent le
nécessaire à la famille, et même le plus ordinairement un cheval ou deux, pour porter au marché l'excédant de leurs récoltes.

« Cette salutaire révolution dans les habitudes d'industrie
de ce peuple, ainsi que dans celles des gens de couleur, et à
laquelle paraissent aujourd'hui disposés tous ceux qui possèdent
des terres en propriété, ou les tiennnent comme locataires,
est due aux lois sévères rendues contre les vagabonds dans les
colonies espagnoles, qui désignent comme tels tous travailleurs
libres qui ne sèment pas la quantité de provisions suffisante
pour se nourrir eux et leurs familles, ou qui ne peuvent
justifier, devant les autorités compétentes, qu'ils tirent leur
subsistance d'un travail journalier sur les terres des autres.
Aujourd'hui, sur une population de quatre cent mille âmes,
on trouverait à peine un vagabond, dans la stricte acception
du mot, parmi les classes travailleuses. Un étranger, chargé
d'un sac d'or, pourrait voyager seul et sans armes, d'une ex-

trémité de l'île à l'autre, sans craindre d'être dévalisé ou mo-
lesté. Le plus grand nombre des habitans dorment la nuit
leurs portes ouvertes, sans la moindre appréhension. Le vol
et l'assassinat ont fait place à la paisible industrie. Il n'y a pas
de mois qu'on ne transporte des douanes à la côte, pour le trésor de la capitale, des sommes d'argent considérables, sans
aucune autre escorte pour ce trajet, qui est quelquefois de
trois jours de chemin, que l'homme chargé de les conduire,
monté sur un cheval, et n'ayant pour toute arme que son
fouet ; et il est sans exemple encore qu'une seule tentative ait
été faite pour attaquer des trésors si mal gardés.

« Le nombre des propriétaires de Porto-Rico qui possèdent
leurs terres à titre perpétuel s'élève à dix-neuf mille cent quarante, et les terres en cultures ou en pâtures, d'après les relevés officiels, forment un total d'un million quatre cent
trente-sept mille deux cent quatre-vingt-cinq acres, ce qui
donnerait, terme moyen, environ soixante-quinze acres de
terre cultivée pour chaque propriétaire. Mais cette évaluation
ne se rapporte qu'au recensement de 1828, et, depuis cette
époque, plusieurs milliers d'acres des terres de la couronne
ont été concédés aux habitans ; un grand nombre ont été
débarrassées du bois qui les couvrait, et forment aujourd'hui
des champs de riz, de plantains, de provisions de toute espèce, ou des pâtures ; et il n'y a pas une seule partie de l'île,
soit dans les villes, soit dans les villages, au milieu des montagnes et dans le fond des vallées, où de nouvelles maisons
n'aient été bâties ; partout, enfin, la colonie offre à chaque
pas des objets propres à convaincre l'observateur de la présence d'une industrie active et des avantages incontestables
qui résultent du travail libre.

« Pour environ un schelling par jour, un ouvrier libre, à
Porto-Rico, travaillera aux champs depuis le lever jusqu'au
coucher du soleil, et, en mettant même les choses au plus
bas, fera plus d'ouvrage que deux esclaves. Un des principaux
avantages que le planteur tire du travail libre, c'est qu'il

n'entraîne aucune mise de fonds qui dorme, comme l'exige nécessairement l'achat des esclaves; le planteur, d'un autre côté, n'est exposé à aucune perte, si quelques-uns de ses travailleurs viennent à mourir; il n'a aucune dépense à faire, soit pour leur procurer des soins, quand ils sont malades, ou pour les nourrir quand ils sont tombés dans la décrépitude; sans compter l'infamie morale et l'espèce de dégradation attachées au travail forcé, pour lequel le malheureux esclave est vendu comme un article de commerce, et mené à coups de fouet comme une bête de somme.

« La population de Porto-Rico est distribuée sur la surface de l'île tout autrement que dans les autres colonies des Indes occidentales. Dans celles qui appartiennent à l'Angleterre et à la France, les blancs et les gens de couleur libres sont agglomérés principalement dans les villes et dans les villages, où ils tiennent des boutiques et exploitent les branches d'industrie et de commerce dévolues ordinairement, en Europe, aux classes inférieures de la société. La campagne est la résidence exclusive, résidence le plus souvent temporaire des planteurs; on y chercherait vainement une classe semblable à celle de nos paysans; tout y est travailleur forcé, tout y porte l'empreinte de l'esclavage; rien qui rappelle cet état intermédiaire entre le maître despotique et l'esclave; point d'alternative ou de transition entre l'autorité hautaine, irrésistible, et la plus abjecte soumission; nul travail que celui qu'on impose, qu'on arrache par voie de correction, et auquel ceux qui en sont chargés ne prennent nul intérêt, parce qu'ils n'ont aucun profit à en tirer, parce qu'ils ne voient dans leurs efforts ni consolation pour le présent, ni espérance pour l'avenir; aussi, leur allure et tous leur mouvemens ont-ils un caractère de lenteur et de paresse; ils vont au jour le jour, et sans faire le plus petit progrès vers le bonheur et la civilisation.

« Quelle énorme différence se manifeste aux yeux de l'observateur dans les colonies espagnoles! L'île de Porto-Rico renfermait, en 1832, cinquante-sept villes et villages, sur une superficie de trois cent trente-trois lieues carrées ; on n'y trouvait que trois mille six cents maisons couvertes en lattes ou en ardoises, et deux mille deux cent dix-huit cabanes couvertes en chaume, formant un total de six mille quatre cent quarante-huit habitations pour les villes et les villages, tandis que, dans la campagne, on comptait quatorze mille six cent vingt-huit maisons couvertes en ardoises, et vingt-trois mille deux cent quarante-neuf chaumières, formant un total de trente-sept mille huit cent soixante-dix-sept ; et dans la totalité de l'île, se trouvaient quarante-quatre mille deux cent quatre-vingt-quinze habitations, tant maisons que cabanes : or, en supposant que la population, à la même époque, fût de quatre cent mille âmes, cela donnerait un peu plus de neuf individus, terme moyen, pour chaque habitation. Il résulterait de ces données, que trois cent quarante mille huit cent quatre-vingt-treize demeurent à la campagne, nombre dans lequel il faut comprendre les esclaves, et l'on peut en conclure que la presque totalité des habitans vit des travaux agricoles.

« Je me flatte aussi de pouvoir établir d'une manière satisfaisante que les trois quarts des produits destinés à la consommation intérieure de l'île ou à l'exportation, sont le fruit du travail libre. Je calcule qu'il y a quarante-cinq mille esclaves à Porto-Rico. Déduction faite sur ce nombre de quinze mille individus employés au service domestique, restent trente mille esclaves, hommes, femmes et enfans, pour les travaux de la campagne. Il existe aujourd'hui dans la colonie trois cents sucreries et cent quarante-huit cafeiries, régulièrement exploitées et en pleine culture, ce qui donnerait à chacun de ces établissemens trente-sept esclaves, terme moyen, de tout âge et de tout sexe, sur lesquels un certain nombre peut encore se trouver inutiles, tels que les enfans, les vieillards, les malades, ou autres que divers accidens peuvent mettre hors d'état de travailler. La culture du sucre, en 1832, produisit un total de quatre cent quatorze mille six cent soixante-trois quintaux, de cent douze livres chacun, outre un million trois cent vingt-quatre mille sept cent dix-sept gallons de mélasses, et seize mille ponchons de rhum. La même année les caféiries donnèrent deux cent cinquante mille quintaux de graines qui furent vendus sur les lieux, prix moyen, 12 piastres d'Espagne. Indépendamment des trois cents sucreries déjà mentionnées, il y a dans l'île douze cent soixante-dix-sept plantations de cannes sur une petite échelle, avec leurs moulins et leurs rouleaux en bois, appartenant à des propriétaires indépendans, et cultivées, à peu d'exceptions près, par des travailleurs libres. Ainsi, après avoir soumis cet important sujet à une investigation attentive, après avoir réuni tous les renseignemens qui pouvaient conduire à des conséquences d'une justesse rigoureuse, et d'après des preuves résultantes d'une expérience pratique, preuves recueillies sur les lieux, puisées aux sources les plus pures, on voit clairement que quatre-vingt mille quintaux de sucre au moins, quatre cent mille gallons de mélasse et six mille puncheons de rhum ont été le produit du travail libre, ce qui démontre jusqu'à l'évidence que les mêmes articles obtenus exclusivement dans les colonies anglaises et françaises, du travail des esclaves, pourraient l'être sans aucun doute du travail libre. Les amis du genre humain, les amis d'une liberté rationnelle doivent applaudir avec joie au triomphe de cette expérience pratique du travail libre sous les tropiques ; et quoique j'aie accordé à chaque caféirie trente-sept esclaves, la vérité est que le plus grand nombre ne sont exploitées que par des travailleurs libres. Mais en admettant, ce qui n'est pas, que toutes les caféiries soient montées en esclaves, et en supposant qu'elles donnent trois cents quintaux chacune, ce sont quarante-quatre mille quintaux en tout fournis par le travail des esclaves ; mais, comme en 1832 l'île a produit deux cent cinquante mille quintaux de café, il faut donc que deux cent cinq mille quintaux au moins aient été dus au travail libre. La même année, on a exporté légalement trente-quatre mille neuf cent deux quintaux de tabac, et neuf mille six cent vingt-sept quintaux de coton, récoltés dans l'île. Le tabac, prix moyen, se vend 5 piastres le quintal, et le coton, égal en qualité à celui de Fernambouco, 20 piastres; à ces deux quantités régulièrement établies par les registres des douanes, il faut ajouter celles qu'on peut raisonnablement supposer avoir été exportées sans payer les droits ou consommées par les habitans; et tout cela fut le produit exclusif du travail des cultivateurs libres.

« C'est aussi par des journaliers libres que sont élevés tous les bestiaux, ainsi que les animaux domestiques. On compte sur l'île plus de cent mille têtes de bétail. Parmi ceux qui sont propriétaires d'une chaumière et d'une pièce de terre, on en trouverait à peine un seul qui n'eût deux ou trois vaches pour le lait nécessaire à sa famille, dont toute la nourriture d'ailleurs ne consiste qu'en plantain, pommes de terre et cassave. Les propriétaires plus aisés, qui ont des troupeaux considérables, distribuent les veaux, lorsqu'ils ont atteint l'âge d'un an, en lots de deux, quatre et six, à leurs locataires pauvres et aux propriétaires peu aisés. Ceux-ci en ont soin jusqu'à ce qu'ils soient bons à envoyer au marché; le produit alors en est partagé par portions égales entre les propriétaires et ceux qui ont élevé ces animaux, et par ce moyen, chaque année on engraisse et l'on vend un nombre considérable de bestiaux à des bâtimens qui viennent les prendre pour les porter dans les îles anglaises, françaises et danoises. En 1832, l'exportation ostensible et légale des bestiaux s'éleva à la somme de 220,000 piastres, ceux de Porto-Rico étant à un prix plus élevé que ceux de l'Amérique du sud, attendu qu'ils sont engraissés sur les plus beaux pâturages de l'univers, et égalent en volume ceux d'Angleterre. Il y avait en outre dans l'île environ quatre-vingt mille chevaux, douze cents mulets, six cents ânes, sept mille moutons et cinq mille chèvres, dont la plus grande partie avait été élevée par les paysans. Enfin, indépendamment des riches productions qu'on vient d'énumé-

rer, l'île donna quatre-vingt mille quintaux de riz, quarante-
cinq mille de maïs, sept cents de poivre, et une infinité d'autres produits dont la plus grande quantité est cultivée par des
travailleurs libres.

« Un tel résultat du travail libre à Porto-Rico, pour une
seule année, établit comme un fait qui n'admet pas l'ombre
d'une contradiction, que le travail libre peut être avantageusement appliqué dans les colonies à toutes les espèces de productions des Indes orientales, et qu'on pourrait, par une sage
police et les règlemens convenables, amener les blancs et les
gens de couleur libres à travailler comme journaliers. On ne
saurait révoquer en doute qu'avec le temps la culture des productions tropicales, entreprise par le travail libre, ne de nt
moins chère et beaucoup plus avantageuse, de même qu'elle
serait aussi plus conforme à l'humanité, qu'imposée comme
elle l'est aujourd'hui aux seuls esclaves. C'est une expérience
que j'ai faite sur une cafeirie qui m'appartient. J'en ai vu aussi
faire l'essai à plusieurs reprises sur des indigoteries, la branche la plus pénible et la plus malsaine de toute l'agriculture
des tropiques, et toujours j'ai trouvé que la culture du café
et celle de l'indigo étaient moins chères en employant des ouvriers libres, qu'en y appliquant des esclaves.

« Toutes les observations que j'ai été à même de faire relativement aux avantages du travail libre, pour la culture des
productions des Indes occidentales, partout où l'on a voulu
en faire une épreuve franche et loyale, ont abouti à écarter
de mon esprit jusqu'au plus léger doute que si les planteurs voulaient seconder cordialement leurs gouvernemens respectifs, ou ne pût sans danger prononcer l'émancipation générale des esclaves, et que les colonies n'y gagnassent en richesse
agricole et en importance commerciale. J'ai déjà démontré
que la culture de toutes les productions des tropiques pourrait
être livrée au travail libre, et que la majeure partie de celles
de Porto-Rico sont cultivées d'après ce système. Je vais maintenant offrir au lecteur quelques faits additionnels et lui pré-

senter quelques nouvelles idées qui me sont venues sur ce grave et important sujet : heureux de me sentir à même de lui fournir des renseignemens capables de soutenir l'examen le plus sévère, et qui peuvent être appuyés par les témoignages d'hommes vivans qu'une expérience pratique rend compétens sur cette question.

« On a observé en général que les noirs libres des Indes occidentales sont naturellement indolens et insoucians du lendemain; mais d'où viennent cette indolence et cette insouciance, si ce n'est de la nature de leur état social et de l'absence de tout aiguillon capable d'exciter leurs efforts ? Qu'on leur présente des motifs d'activité, qu'on donne un but à leur industrie, et alors nous pourrons espérer que les noirs deviendront actifs et industrieux. Avant la distribution des terres de la couronne, Porto-Rico était dans l'état de pauvreté le plus déplorable, et les noirs libres y étaient indolens et vicieux. Depuis l'adoption de cette mesure si sage, et depuis que le capitaine-général a ordonné que des églises fussent bâties dans tous les villages de l'île, cette race d'hommes est devenue plus régulière et plus industrieuse. Lorsque les blancs pauvres et les noirs libres vivaient isolément, chacun dans sa hutte, et ne formant d'union qu'au sein de leurs familles respectives et avec des voisins aussi misérables qu'eux-mêmes, ils ressemblaient aux sauvages nus des bords de l'Orénoque. Maintenant on les enrôle dans la milice; ils sont obligés de se présenter dans les villages tous les dimanches, et comme à force de continuelles exhortations les curés sont parvenus à décider leurs familles à assister au service divin, ils sont tous beaucoup plus décemment vêtus qu'auparavant, par l'effet seul de ce désir commun à tous les hommes de se montrer le plus avantageusement possible. Il en est résulté pour eux des besoins tout nouveaux, et pour les satisfaire, ils ont été forcés de devenir plus industrieux et plus actifs qu'autrefois; en conséquence il y a une plus grande quantité de terres mises en culture par le travail individuel qu'à une époque où rien ne venait stimuler l'indolence de cette classe d'hommes. Telle est une des causes principales des progrès rapides par lesquels Porto-Rico s'est élevé au degré de prospérité où il est aujourd'hui.

« Ce changement dans les habitudes des nègres libres, on peut espérer aussi le voir s'opérer dans celles des nègres esclaves, lorsqu'on leur offrira les mêmes motifs de travail et d'activité ; quand ils auront appris à attacher du prix à un costume plus décent et aux douceurs du chez soi, de nouvelles idées d'ordre naîtront dans leur esprit ; le sentiment de la bonne réputation et de l'estime de soi-même, le désir de s'instruire, marcheront de front avec l'essor d'une industrie progressive. Donnez la liberté aux esclaves, qu'ils aient leur pièce de terre et leur chaumière en propriété, qu'on les élève à la connaissance des devoirs de la morale, et ils acquerront la conviction que c'est de l'industrie et de l'ordre que dépend leur bonheur. Ils prendront alors quelque intérêt au pays, et ils aimeront le gouvernement qui les protége.

« Essayons maintenant de prouver par l'expérience des autres pays que si l'on mettait les esclaves comme cultivateurs libres sur les propriétés de leurs anciens maîtres, si l'on donnait à chaque famille un morceau de terre à faire valoir, à la condition d'un fermage modéré, le planteur pourrait récolter du café et du sucre à moins de frais et avec moins de risques que par le travail des esclaves. Déjà j'ai fait voir qu'à Porto-Rico ce sont des bras libres qui cultivaient la canne à sucre ; mais dans d'autres colonies encore, comme je vais le prouver par d'autres faits, la même culture a lieu par les mêmes moyens. A Margarita, île qui appartenait autrefois à l'Espagne et qui dépend aujourd'hui de la république de Colombie, c'est au travail libre qu'on doit toutes les cannes à sucre qui y sont cultivées ; ce sont des ouvriers libres qui y fabriquent le sucre et la mélasse, et distillent le rhum. Cette île, à la vérité, ne fournit pas ces denrées en quantité suffisante pour sa propre consommation, mais cela ne change en rien l'état de la question, le

fait est qu'elle produit aujourd'hui autant et peut-être plus
de café et de sucre que lorsque c'étaient des esclaves qui la
cultivaient. Ce n'est pas par ouï-dire que j'en parle ; j'ai visité cette ile, j'en ai parcouru et examiné toutes les plantations, et je n'ai eu que des éloges à donner aux cultivateurs
libres pour leur industrie et leur activité. Un seul exemple suffira pour prouver ce que j'avance. Un de mes amis, anglais ,
le docteur Emery, avait pris à ferme du gouvernement co-
lombien, en 1824, une propriété appelée *Estania* , située
au centre de l'ile, dans la vallée de Paraguachi. Au temps où
Margarita était en possession de l'Espagne , cette terre appartenait à un couvent de moines qui la faisaient exploiter par
cinquante ou soixante esclaves. Les républicains ayant chassé
les moines de l'ile , les esclaves , hommes vigoureux , s'enrô-
lèrent dans l'armée victorieuse , et le domaine devint la propriété du nouveau gouvernement. Les terres furent partagées
entre un grand nombre d'individus , moyennant une rente en
nature , et la totalité fut affermée à une seule personne chargée de percevoir les fermages des sous-locataires et de payer
chaque année une certaine somme au gouvernement. Une des
conditions auxquelles les locataires partiels tenaient leurs terres
était de vendre sur estimation au principal fermier, au moment de la moisson , toutes les cannes qu'ils pouvaient avoir
récoltées. Lorsque je visitai Margarita, au mois de juillet 1827,
il y avait plus de cent familles qui vivaient sur ces terres ,
ayant chacune une bonne chaumière , un champ de cannes ,
des pièces de maïs et de plantain, le tout parfaitement bien
cultivé. Ils travaillaient à un schelling par jour sur les terres
du propriétaire , et ceux des jeunes gens qui n'avaient point
de famille à soutenir se louaient au mois, comme cultivateurs,
sur le pied d'une livre sterling environ. Ils fabriquaient le
sucre, distillaient le rhum , et se livraient à tous les travaux
qui étaient autrefois exclusivement du ressort des esclaves ; le
principal fermier faisait ainsi planter et couper ses cannes sans
le moindre embarras , et chaque petit locataire cultivait soi-

gneusement sa pièce de terre, sentant que de son travail et
de ses soins dépendaient son bien-être et celui de sa famille.
Des voisins, respectables par leur âge et leur intelligence,
m'ont assuré que le produit de cette propriété, exploitée d'a-
près ce nouveau système, était beaucoup plus considérable
que lorsqu'elle était entre les mains des moines et cultivée par
des esclaves. On n'a pas d'autre méthode aujourd'hui pour
toutes les cannes que l'on cultive dans l'île. J'y ai vu six moulins pour la fabrication du rhum constamment en activité;
c'étaient des ouvriers libres qui y étaient employés, et tout le
sucre et la mélasse qu'on y distillait provenaient des champs
des petits locataires. La population de Margarita peut s'élever
à environ vingt-sept mille âmes, et chaque individu y subsiste
de son travail; le sol en est extrêmement sec, en raison de la
grande rareté de l'eau; mais à force d'industrie les cultivateurs triomphent de cet inconvénient; car quoique la séche-
resse fasse quelquefois manquer deux ou trois récoltes de suite,
ils ne se découragent pas, et n'en continuent pas moins à
cultiver et à planter leurs terres qui sont bien protégées
par des haies. J'ajouterai que dans un pays comme celui dont
je viens de donner la description, quoique le gouvernement
s'y fasse à peine sentir, bien qu'il y ait à peine une police et
des lois répressives, je n'ai jamais vu de population plus tranquille et plus amie de l'ordre; personne n'aurait imaginé qu'on
eût jamais pu amener si grand nombre d'esclaves à une vie d'industrie et de travail, seulement en les admettant avec leurs semblables à la jouissance des mêmes droits et des mêmes priviléges.

« Pour quiconque a comparé les résultats du travail des hommes libres et de celui des esclaves, il doit être évident que le
travail des premiers fournit le double de celui des autres, et
donne en même temps des produits d'une qualité supérieure.
Partout où les hommes sont employés comme agens libres, le
pays doit jouir d'une plus grande prospérité que là où les habitans sont contraints de travailler sans être personnellement
intéressés à la fertilité du sol qu'ils arrosent de leurs sueurs.

L'homme libre, individuellement, travaille plus que l'esclave, et gaspille moins ; il s'efforce d'employer utilement chaque heure de la journée, parce que plus il est actif, plus il doit lui revenir de profit. L'esclave, au contraire, travaille de mauvaise grâce ; il use et gaspille le plus qu'il peut, et ne cherche qu'à tuer le temps, et à ménager ses forces. Ce qui confirme pleinement toutes ces observations, ce sont les progrès constans de l'agriculture à Porto-Rico, depuis 1815, époque de la distribution des terres de la couronne, et que l'on peut regarder aussi comme celle des premiers essais du travail libre dans cette colonie. En 1810, la valeur des exportations n'allait qu'à 65,672 piastres, et en 1832, elle excédait 3,000,000 de piastres. En 1810 l'île ne donnait que trois mille sept cent quatre-vingt-seize quintaux de sucre, et en 1832, elle en donna quatre cent quatorze mille six cent soixante-trois quintaux , dont trois cent quarante mille cent soixante-trois furent légalement exportés.

« J'examinerai maintenant le rapport d'une sucrerie exploitée par des esclaves à Porto-Rico, où les terres sont infiniment plus productives que celles des îles françaises et anglaises, et je suis assuré que des faits pesés et examinés avec attention et bonne foi, il sortira la preuve incontestable que le propriétaire et le pays en général gagneraient considérablement à l'abolition de l'esclavage. La meilleure habitation de Porto-Rico, avec le nombre d'esclaves suffisant, et un capital qui puisse faire face à toutes les éventualités, ne produit pas aujourd'hui plus de 3 p. o/o sur la mise de fonds , quelque économie et quelque intelligence qu'on puisse apporter à l'exploitation ; une habitation à esclaves doit donc rapporter bien moins encore dans les îles anglaises et françaises, où le sol est d'une qualité fort inférieure, et où les impôts sont beaucoup plus élevés que dans les colonies espagnoles. D'après des calculs faits avec soin, la Jamaïque, en 1823, année de grande fertilité dans les Indes occidentales, avec trois cent douze mille trois cent quatre-vingt-deux esclaves, produisit un million

quatre cent dix-sept mille sept cent cinquante-huit quintaux
de sucre; tandis que Porto-Rico, avec quarante-cinq mille
esclaves au plus, en donna quatre cent quatorze mille six cent
soixante-trois quintaux. Donc, la Jamaïque, avec près de neuf
fois autant d'esclaves, ne fabriqua pas trois fois et demie autant de sucre, ce qui prouve clairement qu'à Porto-Rico c'est
le travail libre qui a la plus grande part à cette supériorité de
produit. Et en effet, ce n'est qu'au nombre des cultivateurs libres que cette différence peut être attribuée; car bien qu'il
faille admettre que le sol de la Jamaïque est moins fertile que
celui de Porto-Rico, on y entend beaucoup mieux la culture
de la canne. Dans la même année, les trois îles anglaises de la
Barbade, St-Vincent et la Grenade, donnèrent sept cent
quatre-vingt-quatorze mille cinq cent quatre-vingt-dix-sept
quintaux de sucre, produit du travail de cent vingt-huit mille
esclaves; c'est-à-dire qu'avec près de trois fois le même nombre d'esclaves, elles produisirent moins du double de la quantité de sucre fabriqué à Porto-Rico. La même année, toutes
les îles anglaises des Indes occidentales, avec six cent vingt
sept mille esclaves, ne donnèrent ensemble que trois millions
cinq mille trois cent soixante-six quintaux de sucre; donc,
avec quinze fois et demie autant d'esclaves, elles ne donnèrent
que sept fois et demie plus de sucre que Porto-Rico. En 1821,
les produits de la Guadeloupe, avec le travail de quatre-vingt-
huit mille esclaves, s'élevèrent en sucre à quatre cent vingt-
huit mille neuf cent soixante-deux quintaux, en café à vingt
mille sept cent cinquante-neuf, en coton à mille trois cent
vingt, tandis que Porto-Rico, avec environ moitié moins d'esclaves, auxquels on n'impose qu'un travail modéré et qu'on
traite avec humanité, donna quatre cent quatorze mille six
cent soixante-trois quintaux de sucre, vingt-cinq mille de café,
trente-quatre mille cent quarante-trois de tabac, et neuf mille
cent soixante-six de coton, indépendamment du bétail, du poivre, du riz et de nombre d'autres produits d'une moindre importance. Ce simple exposé de faits démontre tout l'avantage

et toute la portée du travail libre à Porto-Rico ; car si le sol de
cette île est en général plus productif, en revanche, dans les
colonies anglaises et françaises, les terres sont mieux cultivées,
il y a de meilleures machines, les routes sont plus commodes,
et on impose aux esclaves un travail beaucoup plus rigoureux.
Depuis 1823, dans toutes les iles anglaises et françaises, on a
remarqué une diminution considérable dans la production du
sucre par le travail des esclaves, au lieu qu'à Porto-Rico, depuis qu'on y emploie le travail libre, ce produit n'a cessé
d'aller en augmentant. Un des planteurs les plus intelligens
de la Guadeloupe m'a assuré qu'aujourd'hui la culture de la
canne par les esclaves ne défrayait pas des dépenses qu'elle
exige, et que, pour soutenir sa sucrerie, il était obligé de planter du café et des vivres, et d'engraisser des bestiaux, par
le moyen du travail libre. La raison de cet état de chóses saute
aux yeux. On ne peut forcer les esclaves au travail que pendant un certain nombre d'heures, et pendant ce temps ils en
font le moins qu'il leur est possible, tandis qu'au contraire, le
cultivateur libre, moyennant le salaire convenable, travaille
depuis le lever jusqu'au coucher du soleil, et remplit sa tâche
avec soin, sans quoi il n'aurait plus d'ouvrage le lendemain. Le
calcul suivant a été dressé par un planteur éclairé, et approuvé
de six planteurs d'une intelligence reconnue ; c'est un relevé
du prix d'une propriété à Porto-Rico, exploitée par esclaves,
et produisant environ deux mille quintaux de sucre et huit
mille gallons de rhum ; on la suppose de la contenance de deux
cents acres, dont un tiers en cannes, un tiers en pâture et en
vivres, et un tiers en bois pour les réparations des bâtimens, le chauffage, etc.

PRIX D'ACHAT :

Terres. . . . . 10,000 piastres.
Bâtimens et bestiaux. 22,320
Nègres. 16,200
                                   ————————
          Total. 48,520

PRODUIT ANNUEL :

Sucre, deux mille quintaux, évalués. . .	6,000 piastres.
Rhum, huit mille gallons.	2,000
	8,000

A DÉDUIRE :

Frais de.	6,000
Perte de nègres, chaque année. .	600
	6,600 6,600

PRODUIT NET. . .   1,400 piastr.

c'est-à-dire seulement 3 p. 0/0 sur le capital de 48,520 piastres, prix d'achat de la propriété. »

Nous ne rapporterons pas ici les détails relatifs à chacun de ces articles; nous nous bornons à en reconnaître l'exactitude scrupuleuse. L'auteur poursuit :

« J'ai peut-être mis un peu de prolixité dans l'exposé qui précède; mais j'ai voulu par là écarter toute espèce de doute, et aller au devant de toutes les questions qu'on pourrait faire sur ce sujet. Je désire aussi qu'il soit bien entendu que le revenu d'une propriété montée sur ce pied est calculé par rapport aux circonstances les plus favorables; car tout me porte à croire qu'il n'existe pas dans l'île une seule habitation, n'employant que des esclaves à la culture et à la fabrication du sucre, qui rapporte un shilling d'intérêt sur le capital de première mise. Ce qui le prouve, c'est que toutes les grandes sucreries de la côte méridionale de Porto-Rico, où l'on emploie exclusivement des esclaves, qui n'ont pas de pâtures et qui ne donnent d'autre produit que le sucre, sont endettées et gênées; tandis que celles de la côte du nord, où le travail libre a été mis en pratique, concurremment avec celui des esclaves, se trouvent, excepté peut-être dans quelques cas particuliers où il y a de grands vices d'administration, libres de toute dette et de tout embarras.

« Il est de toute évidence que l'esclave coûte plus que le
travailleur libre, et fait moins de besogne. On sait que dans les
colonies espagnoles, les travailleurs libres font une fois autant
d'ouvrage que les esclaves dans le même temps. Si donc les
planteurs, par une bonne administration, par une conduite libérale, et avec l'appui du gouvernement, pouvaient, de leurs
esclaves, aujourd'hui réfractaires et n'obéissant qu'avec répugnance, faire des travailleurs libres et intéressés à remplir leur
tâche avec vigueur, nul doute qu'ils ne retirassent de cette
métamorphose les plus grands avantages. Supposer que des
hommes libres refuseront de travailler à la culture et à la fabrication du sucre, c'est une idée dont la fausseté est frappante, c'est une hypothèse erronée qui ne peut tenir contre l'expérience de quiconque a vu ce qui se passe à Porto-Rico, à
Colombia ou à Margarita. Je n'ai pas le plus léger doute que
les plantations de sucre ne pussent être cultivées dans toutes
les parties des Indes occidentales par des ouvriers libres, et
j'entends par là les esclaves changés en cultivateurs libres, à
qui on louerait des terres à bas prix. Quant au mode d'exécution applicable à cette grande opération, dans les colonies des
différentes puissances, il doit être nécessairement subordonné
à des circonstances locales, sur lesquelles il appartient à la sagesse seule des gouvernemens respectifs de prononcer. L'effet
infaillible d'une semblable mesure, habilement et sagement di-
rigée, sera de changer des hommes que l'esclavage abrutissait,
en membres heureux et utiles de la société; et je demeure convaincu que les planteurs eux-mêmes finiront par s'apercevoir
que l'émancipation est dans leur intérêt bien entendu, et que
la richesse et le commerce des colonies des Indes occidentales
ne peuvent manquer de devoir un accroissement prodigieux à
une politique à la fois humaine, libérale et juste.

CHAPITRE II.

Résume du témoignage sur les colonies de Cuba, Caraccas, Haïti et Bahama,
rendu, par l'honorable vice-amiral John Fleming, devant le comité d'en-
quête de la chambre des communes d'Angleterre, en juin et juillet 1832 ;
tiré du rapport du dit comité, imprimé par ordre de la chambre, le
11 août 1835, n° 721 (pag. 195-223, et pag. 238-243).

Le vice-amiral a été à Cuba plus long-temps qu'à la
Jamaïque, et la connait mieux.

La population libre est très-nombreuse à Cuba ; on y
compte environ trois cent quatre-vingt mille blancs, de cent
trente-six à cent cinquante mille gens de couleur libres, et de
deux cent à deux cent vingt mille esclaves. L'amiral a puisé
ces relevés dans des documens publics ; mais il prévient qu'ils
sont l'ouvrage des prêtres des différentes paroisses, et qu'il y
règne un peu de confusion. Les habitans libres de Cuba sont,
généralement parlant, dans une situation assez heureuse ;
parmi les gens de couleur, et même parmi les noirs, il en est
qui possèdent des fortunes considérables. Jamais l'amiral n'a
entendu former aucune plainte à Cuba, de la part des classes
affranchies, sur le manque d'industrie et de travail. Un grand
nombre d'individus de ces classes sont employés à la culture
du sucre. Il y a même quelques blancs, venus des Canaries,
qui travaillent aux champs, et sont chargés de tout ce qui est
relatif à la culture de l'indigo. L'amiral a vu de ses propres
yeux les hommes libres creuser des trous pour la plantation
des cannes, quelques-uns même exploiter seuls et sans esclaves
toute leur propriété ; ils récoltaient les cannes et les vendaient
à d'autres qui les faisaient bouillir. Il ne peut dire le nombre
des individus qui exercent à Cuba ce genre d'industrie, mais
il est considérable ; et, quand les bras leur manquent sur les

plantations à sucre , ils louent les ouvriers dont ils ont besoin,
à deux pesettes et jusqu'à une demi-piastre par jour, et même
davantage ; on les paie ordinairement en argent, mais quelquefois en denrées. Quelques cultivateurs libres fabriquent
eux-mêmes leurs cannes ; mais le plus souvent, attendu le
prix considérable des moulins et des chaudières, ils les font
porter chez des propriétaires plus riches du voisinage , qui
leur en rendent une partie manufacturée. Le sol de Cuba est
plus riche que celui des colonies anglaises. L'amiral a connu un
de ces cultivateurs qui vendent ainsi leurs récoltes, possédant
quarante-cinq acres en cannes , entièrement cultivées par le
travail libre. Les propriétés sont plus étendues à Cuba qu'à la
Jamaïque ; on en loue des portions à des colons libres. C'était,
pour beaucoup d'habitans intelligens de Cuba, un sujet de
discussion continuelle , que la question de savoir lequel est le
moins cher, du travail libre ou du travail des esclaves. Presque
tous les Anglais que j'y ai rencontrés , dit l'amiral, regardaient le travail des esclaves comme le moins coûteux. Les
uns pensaient que si l'on abolissait le travail des esclaves , la
culture de l'île deviendrait impossible. Les autres , au contraire, soutenaient que cette innovation n'aurait aucun incon
vénient. Beaucoup de Cubiens sont contre l'importation des
nègres, parce que le nègre nouveau venu, poussé par l'influence des prêtres , se range toujours du côté du gouvernement, et le gouvernement se sert des esclaves et des noirs
libres comme d'une arme qu'il tient suspendue sur les blancs
pour les contenir. C'est la seule cause qui a jusqu'ici empêché
Cuba de se déclarer indépendante comme les autres colonies
espagnoles. Les esclaves domestiques de Cuba égalent en intelligence ceux de la Jamaïque ; mais il n'en est pas de même
des esclaves cultivateurs ; ni les uns ni les autres ne savent
lire , à l'exception de quelques domestiques. Il est certain
qu'une insurrection n'y est pas autant à craindre qu'à la Jamaïque. Il y a peu de mécontens parmi les esclaves de Cuba.
Tous peuvent obtenir une émancipation légale, y contraindre

leurs maîtres, s'ils peuvent fournir la somme nécessaire, et
se procurer ainsi la liberté pour eux-mêmes, pour leurs
femmes et pour leurs enfans. Ils travaillent en général par la
tâche, mais ne sont pas poussés par le fouet, sauf sur quelques
habitations qui appartiennent à des Anglais et à des Américains.
Les Espagnols de Cuba ne les excitent jamais du fouet. A Cuba,
la liberté est toujours à la portée de l'esclave ; il peut changer de
maître, lors même qu'il n'est pas en état de payer le montant
de son prix, pourvu qu'il trouve un autre maître qui veuille
l'acheter ce qu'il vaut ; de sorte que si l'esclave est estimé
à 200 piastres, et que B offre de payer cette somme, l'esclave
peut contraindre A à le vendre à B. L'amiral a fait passer en
Angleterre, à sir G. Murray, tous ces règlemens, qui doivent
être dans le bureau des colonies. Il existe à Cuba une loi
d'émancipation coactive et un tarif des prix. Il n'a pu se procurer la loi ni le tarif à la Trinité ; mais le général Grant et
lui les ont trouvés à Caraccas. Cette émancipation forcée, en
usage à Cuba, est la grande cause de la différence qu'on remarque dans les dispositions des esclaves créoles de Cuba et ceux
de la Jamaïque. A Cuba, comme anciennement à la Jamaïque,
les *nouveaux* nègres sont comparativement assez indifférens
sur la question de la liberté. Aussi, n'est-il pas permis à Cuba de
faire travailler les Africains nouvellement importés avec les
créoles, les premiers exigeant une discipline beaucoup plus
sévère. Les créoles ne voudraient pas qu'on les mît sur le
même pied que les nouveaux nègres ; il sont mieux traités et
soumis à un régime plus doux. Les planteurs espagnols se font
un devoir d'inspirer à leurs esclaves quelques sentimens religieux ; les femmes se chargent d'instruire les enfans nés sur
la propriété, et les prêtres font des visites dans toutes les
habitations. Les esclaves catholiques montrent plus de soumission que ceux des colonies anglaises ; toutefois, l'amiral
ignore quel peut être l'état religieux de ces derniers, seulement il le croit très-mauvais. On lui a fait voir les relevés
annuels des affranchissemens à Cuba ; le chiffre en est cou-

sidérable , mais il n'en a pas pris copie. On pourrait se procurer ces renseignemens, soit par le canal du bureau des
colonies, soit par les commissaires de la *Commission-Court* à
la Havane. Les esclaves de Cuba , travaillant en général à la
tâche , ont plus de temps pour gagner et amasser le prix de
leur liberté. Ils ont d'ailleurs à eux tous les dimanches et
toutes les fêtes de saints , et ils donnent moins de jours de travail à leurs maîtres que dans les colonies anglaises ; ceci s'applique non-seulement à Cuba , mais à Caraccas ; c'est le travail à la tâche, sur les habitations à sucre, qui prévaut dans
les deux colonies. L'amiral a fait de fréquens voyages à Cuba,
et y a visité un grand nombre d'habitations , de 1827 à 1830 :
à cette époque, il avait délivré quatre mille esclaves sur des
négriers espagnols. Ayant un rang dans la marine espagnole ,
et parlant couramment la langue du pays , il était à même de
communiquer avec plus de facilité. Il n'eut qu'à se louer des
attentions et de l'hospitalité empressée dont il fut l'objet. Il
croit que le travail libre a fait de grands progrès à Cuba ;
mais il ne pense pas que les esclaves soient à meilleur marché ,
à Cuba qu'à la Jamaïque. Un bon esclave, nouvellement im-
porté, se vend à Cuba 250 piastres, ou environ 55 liv. ster. ;
et à la Jamaïque, un bon esclave ne lui a souvent coûté que
50 liv. ster. (Pag. 201 à 205.)

A Cuba, sur une habitation qui fait deux cents tonneaux
(anglais) de sucre, on met environ deux cents esclaves , indépendamment des charretiers et autres , qui sont ordinairement
des ouvriers libres. Il croit que ce sont principalement des
étrangers et des capitaux étrangers qui alimentent la traite à
Cuba, attendu que les capitaux espagnols qu'on y emploierait
seraient sujets à confiscation. (Pag. 205.)

Les habitudes morales des blancs de l'intérieur de Cuba
sont de beaucoup supérieures à celles de la même classe à la
Jamaïque. Là , un grand nombre d'individus vivent tranquillement au sein de leurs familles, se livrent à la culture , et
forment réellement une classe très-respectable. Ce n'est que

dans les villes de la côte que les mœurs sont à peu près les mêmes qu'à la Jamaïque. (Pag. 205.)

L'importation des esclaves à Cuba se fait principalement, non par des Cubiens, mais par des aventuriers étrangers et par des Espagnols chassés de l'Amérique méridionale. La plupart des anciens propriétaires de Cuba se refuseraient à acheter des Africains. Quelques-uns seulement en achètent, mais rarement. Les nouveaux nègres sont envoyés principalement sur des habitations formées depuis peu.

La loi et le tarif relatifs à l'affranchissement portent, à ce qu'il croit, la date de 1789. C'est une loi écrite, publiée d'abord, s'il ne se trompe, à Saint-Domingue, après la seule insurrection qui eût éclaté dans la partie espagnole, sous le règne de Ferdinand IV (1). Il en a envoyé un exemplaire à sir G. Murray et un au général Grant. C'est une des lois rendues pour les Indes occidentales par le roi d'Espagne. Aux termes de cette loi, l'esclave a le droit de racheter de temps à autre une journée de travail, en en payant le prix au protecteur. On ne le frustre jamais de ses jours de fête et autres jours de liberté. Une protection attentive le couvre, et il parvient sans peine à obtenir justice, par le syndic ou le protecteur, et par l'intermédiaire du prêtre. Les évêques de Cuba, et il en a connu deux, sont, à cet égard, d'une extrême vigilance. L'esclave se confesse au prêtre, et a un libre accès auprès de lui, sur toutes les plantations de Cuba. Le confessionnal est pour lui une protection puissante, et lui fournit l'occasion d'exposer ses griefs. Les esclaves de l'Amérique méridionale ont toujours regardé le prêtre comme leur protecteur, ainsi que le syndic; mais rien de semblable n'existe à la Jamaïque. Quelques Espagnols refusaient d'acheter de nouveaux esclaves, n'aimant pas à les introduire parmi leurs

____

(1) Ce n'était probablement qu'une nouvelle publication, dont la révolte avait été l'occasion.

créoles; chez d'autres, même des premiers négocians, cela tenait à un scrupule de conscience; ils considéraient cet achat comme un acte deshonorant et illégal. Il y a dans cette classe beaucoup d'hommes d'un noble caractère. Les Anglais que l'amiral a vus à la Havane, et qui croyaient qu'il y avait meilleur marché à acheter des esclaves nouveaux, étaient des propriétaires d'esclaves venus des Indes occidentales. Les officiers anglais, en général, étaient d'une opinion différente sur ce point. Il était pleinement convaincu que dans les colonies anglaises il n'y aurait pas plus de difficulté à l'égard du travail libre qu'à Cuba, à Caraccas, à Haïti, aux Bahamas et à la Trinité. A Cuba, il y a plus d'esclaves que de gens libres sur les sucreries; mais dans l'intérieur, où l'on cultive le maïs et où on élève du bétail, les travailleurs libres sont en majorité. Si demain on abolissait l'esclavage à Cuba, il ne pense pas qu'il en résultât le moindre trouble, ni qu'une seule sucrerie restât inculte. On n'y a pas d'éloignement, comme dans les colonies anglaises, pour l'emploi des gens libres à la culture du sucre. Quand on veut estimer le produit du travail des esclaves à Cuba, on doit nécessairement faire entrer en ligne de compte des jours de fêtes; et quelques propriétaires accordent, indépendamment de ces jours-là, deux ou trois heures à leurs esclaves pour assister à la messe. (Pag. 207.)

Lors du premier voyage de l'amiral Fleming à Caraccas, en 1828, tous les esclaves devenaient libres passé un certain âge, les femmes à douze ans et les hommes à quatorze. Un grand nombre d'anciens nègres étaient encore esclaves, mais ils avaient de plus grandes facilités pour obtenir leur liberté que même sous la loi espagnole. On avait créé un fonds destiné à les affranchir graduellement, et jamais, pendant trois voyages qu'il a faits à Caraccas, il ne s'est aperçu que cette opération occasionât aucun désordre. Cependant on y cultivait le sucre dont on faisait une exportation considérable. Il en était de même dans toutes les parties de Caraccas, quoique les droits sur les exportations fussent très-élevés. Les cultivateurs libres et les esclaves y travaillaient pêle-mêle sur les mêmes sucreries. On est dans l'usage d'y creuser des trous pour les cannes, mais le sol est riche et les cannes ne demandent à être renouvelées que rarement, et quand il a vu pratiquer des trous pour les cannes, c'étaient des noirs libres qui y travaillaient pour leur compte. Le salaire y était de 9 sous sterl. par jour, plus la nourriture. Il a souvent entendu discuter à Caraccas la question du travail libre et du travail des esclaves. Les Espagnols et les Colombiens étaient en général pour le travail libre; les Américains et les Anglais pour l'esclavage. Les Espagnols et les Colombiens étaient d'avis que, même sous le point de vue du profit, il n'y avait rien de mieux à faire que de prononcer l'affranchissement de tous les esclaves. Le marquis del Taro, cousin de Bolivar, possédait d'immenses propriétés, mais ses nombreux esclaves travaillaient comme ouvriers libres. L'amiral Fleming avait des rapports très-faciles avec toutes les classes d'habitans. Il a passé en une seule fois quatre mois à Caraccas, et il s'est enfoncé dans le pays jusqu'à une distance de deux cents à trois cents milles. Il n'a pas manqué de profiter de ces facilités, et il a étudié avec le plus vif intérêt un peuple tout récemment affranchi, tant de l'esclavage que du despotisme européen, et observé ses progrès dans la voie de la liberté. Dans son opinion, les noirs de Caraccas en font de très-rapides dans celle de la civilisation. Nombre d'écoles y ont été établies, et ils montrent le plus grand empressement à en profiter. Quelques-uns apprennent des métiers, et l'on remarque chez eux un désir d'instruction très-prononcé. Ils se suffisent parfaitement à eux-mêmes sans aucun secours, soit de leurs anciens maîtres, soit du gouvernement. Ce fut sous Bolivar que la loi de l'affranchissement fut rendue assez soudainement par le congrès. Bolivar, même avant cette loi, avait le premier émancipé ses propres esclaves, et son exemple avait été suivi par nombre des principaux propriétaires; on n'eut pas à se mêler des droits de la propriété foncière, beaucoup de proprié-

taires de terres qui les avaient jusqu'alors exploitées avec des
esclaves, y établirent tout d'un coup le travail libre. Il n'en
résulta aucun bouleversement, aucune secousse quelconque.
On fixa, il ne se rappelle pas dans quelle année, l'époque à
laquelle tout esclavage devait cesser. Ce moment n'était pas
encore arrivé lors de son dernier voyage à Caraccas, mais
l'esclavage y diminuait graduellement et ne pouvait tarder à
disparaître tout-à-fait. Déjà il n'y restait pas plus d'un quart
des esclaves qu'on y comptait avant le décret de Bolivar, et il
ne s'est pas aperçu qu'il en fût résulté la moindre décadence
dans la culture. Elle faisait au contraire de rapides progrès,
quoique Caraccas eût été le théâtre de la guerre et en eût considérablement souffert. A sa seconde visite, il trouva que la
culture du froment augmentait tous les jours, bien qu'anciennement on n'en récoltât pas un épi; et déjà l'importation
des blés des États-Unis avait cessé. Tout le monde s'accorde
sur les progrès marqués de l'agriculture. Lorsque j'ai visité
Caraccas pour la seconde fois, dit l'amiral, ces progrès étaient
frappans. Il y avait eu dix-huit mois de paix; l'esprit de parti
s'était calmé, et la confiance renaissait. Les arts marchaient
du même pas que l'agriculture. La révolution avait presque
effacé toute distinction de couleur, mais les troubles politiques
avaient certainement arrêté les améliorations, vu le grand
nombre d'individus employés dans les armées. Il a vu de
ses yeux des esclaves et des noirs libres travailler ensemble
dans le même champ à Caraccas. On n'y regarde plus comme
un service dégradant le travail de la campagne. Les noirs libres auraient pu obtenir des terres à cultiver pour leur compte,
dans des cantons plus élevés et moins chauds; mais il paraît
qu'ils préféraient les contrées basses et chaudes, ce qui faisait qu'ils continuaient à travailler sur les plantations déjà
établies. A coup sûr ce n'était pas la nécessité qui les pous-
sait à cultiver le sucre, et ils eussent été libres de chercher leurs
moyens d'existence dans d'autres branches de culture. Il leur
eût été facile de se faire donner des terres dans l'intérieur.

Malgré tout cela, ils persistaient à travailler volontairement et gaîment sur les sucreries, et, à peu près, au même taux de salaire que sur des exploitations d'un autre genre. Les propriétaires anglais répugnaient à employer des noirs libres, en disant qu'ils n'étaient pas accoutumés à ce système d'exploitation ; mais l'amiral n'en connait que trois qui eussent des habitations à Caraccas. (Pag. 208 à 210).

Le général Peyango était un nègre pur sang ; mais il était fort bien élevé, très-instruit, connaissant parfaitement l'histoire d'Espagne, et au fait, un homme extraordinaire. Plusieurs officiers anglais servaient sous ses ordres. L'amiral a connu plusieurs autres officiers noirs, riches propriétaires à Caraccas et à Cuba, ainsi qu'un prêtre nègre, natif du Cap-Vert, d'une intelligence remarquable.

Pour ce qui concerne les détails des décrets qui abolissent l'esclavage et la marche des émancipations, l'amiral réfère le comité aux lois et aux gazettes de Caraccas. Il y existe des commissions pour la mise en liberté des esclaves, et les noms de ceux qui sont émancipés sont régulièrement insérés dans les gazettes. Il répète de la manière la plus affirmative qu'il a vu des ouvriers libres travailler sur les sucreries avec des esclaves, non pas en aussi grand nombre toutefois que sur d'autres plantations ; car on y cultive moins de sucre que d'autres articles, tels que froment, pommes de terre, cocos, café, indigo, etc. Ce n'est pas qu'on y soit moins porté à cultiver le sucre que d'autres articles ; mais, en point de fait, il croit que les esclaves forment la majorité des cultivateurs sur les sucreries, quoiqu'il n'ait pas les données nécessaires pour vérifier ce calcul. On lui a assuré qu'à Caraccas et à Margarita, la culture du sucre avait augmenté. Il ne saurait dire le nombre des individus employés à cette culture ; mais il croit pouvoir dire que la population libre dépasse de beaucoup celle des esclaves. A l'époque où l'émancipation fut proclamée, les deux classes étaient à peu près égales en nombre à Caraccas. Les esclaves sont disséminés sur un grand espace, et répandus au loin sur les habitations. On ne les voit pas, comme les nôtres, dans des huttes, mais réunis sur de grands terrains appelés *repartimientos*, où il y a une chapelle, un hôpital et une communication avec l'habitation du propriétaire. Un grand nombre s'étaient enrôlés dans l'armée et étaient devenus libres *ipso facto*. Il croit que ce fut en 1821 que l'émancipation fut prononcée. Ce n'était pas une époque de troubles civils, mais de tranquillité. Les noirs libres étaient très-nombreux dans la ville, et s'y adonnaient, comme les autres individus libres, à divers genres d'industrie. L'éducation, chez les noirs, est rare et très-bornée, excepté chez les jeunes gens, qui maintenant fréquentent les écoles. Il croit qu'en général ils ont embrassé la religion catholique. Les esclaves à qui l'on ne faisait donner aucune instruction étaient sujets à confiscation au profit du gouvernement. Aussi n'en trouvait-on pas qui ne fussent en état de réciter leurs prières et leur *Credo*; ils avaient tous assez d'instruction pour cela. Avant la dernière insurrrection, il n'aurait pas craint d'introduire à la Jamaïque le même système d'émancipation qu'à Caraccas; mais aujourd'hui, il doute qu'il fût suffisant. A Caraccas, les esclaves n'avaient pas l'excitation de la presse, mais ils avaient celle de la guerre civile, dans laquelle ils prenaient parti. La guerre civile se faisait entre les deux partis qui divisaient l'état; mais les esclaves s'attendaient à être affranchis, si le parti libéral avait le dessus. (Pag. 211 à 212.)

L'amiral Fleming avait visité Haïti en 1828 et 1829, mais n'y avait passé que très-peu de temps. Il y était allé précédemment, lorsque la révolte y éclata. En 1827, on lui dit que les ouvriers y étaient rares. Mais en 1829, il ne remarqua point qu'on s'y plaignît de cette disette, et il lui sembla que la population y était industrieuse. Les ouvriers y étaient salariés et payés en nature; il ne sut pas exactement à combien se montait leur paie; la loi leur allouait une certaine portion des produits. Il n'y a jamais vu employer la contrainte. On lui a dit que l'on forçait à travailler les vagabonds et les déserteurs;

mais il n'en a vu par lui-même aucun exemple. Quant au fouet, il n'a jamais ouï dire qu'on l'employât à l'égard de qui que ce fût. La loi en proscrivait l'usage. Il n'a jamais vu de nègres plus heureux, mieux nourris et, sous tous les rapports, dans une situation plus confortable que les Haïtiens ; il les met même au dessus de ceux de Caraccas, et leur état est infiniment supérieur à celui des nègres de la Jamaïque ; il n'y a pas même de comparaison à faire entre ces derniers et les Haïtiens. Il ne saurait rien dire de positif sur l'accroissement de la population à Haïti depuis 1804, mais il croit qu'elle a triplé depuis cette époque. Son opinion, à cet égard, s'accorde peu avec le rapport du colonel Mackenzie, mais il ne croit pas s'éloigner de la vérité. Aujourd'hui les Haïtiens se suffisent à eux-mêmes, et exportent des denrées qui n'avaient jamais fait partie du commerce extérieur des Français ni des Espagnols. Il ne se souvenait pas du montant de la population en 1804, mais il existait des documens officiels sur ce point. Il s'était trouvé à Haïti en 1797, au plus fort de la guerre, et en 1828 et 1829, lorsque tout était parfaitement tranquille. Les choses s'étaient bien améliorées pendant cet intervalle, par rapport à la condition des nègres ; car, en 1828, il y avait déjà plusieurs années que le calme était rétabli dans l'île. Il n'y avait point de mendians à Haïti, et fort peu à la Jamaïque. Il a vu près du Cap-Haïtien, ci-devant Cap-Français, une sucrerie appartenant au général Bourlon, extrêmement bien cultivée et parfaitement montée. C'étaient tous noirs libres qui y travaillaient. Les terres en étaient excellentes et les plants n'avaient pas été renouvelés depuis long-temps. On formait une nouvelle plantation de l'autre côté de la route. Le salaire des ouvriers était de 1 franc par jour avec les vivres, et de 2 francs sans les vivres. Leur nourriture, bien supérieure à celle des nègres de la Jamaïque, se composait principalement de viande, les bestiaux étant à très-bas prix dans l'île. Le prix le plus élevé du bœuf, à Haïti, n'allait pas au-delà de 2 d. sterl. ; à la Jamaïque, il allait jusqu'à 12 d. sterl. Il n'avait aucune donnée sur l'état de la religion à Haïti; il sait seulement que tout le monde allait à la messe. Il n'a pas été à même d'étudier les mœurs des habitans; mais il est à sa connaissance que l'institution du mariage existe chez eux. Il croit cependant que le commerce irrégulier des deux sexes l'emporte encore; mais deux prêtres espagnols, avec qui il a eu occasion de s'entretenir, lui ont assuré que, sous ce rapport, les choses allaient en s'améliorant, et qu'ils espéraient que le mariage finirait par être d'un usage général. Déjà le concubinage était proscrit dans les premières classes d'habitans; mais dans toutes, que les parens fussent mariés ou non, on y prenait soin des enfans, et l'on vivait en famille. Il était même assez difficile de distinguer, à leur manière de vivre, les gens non mariés de ceux qui l'étaient; et là même où les cérémonies et les rits du mariage avaient été négligés, le lien de fait n'en paraissait ni moins sacré ni moins fort. En général, un seul homme habite avec une seule femme, et le père et la mère pourvoient à la subsistance des enfans. Nulle part il ne s'est aperçu qu'il y eût des enfans abandonnés. Enfin, le pays est en voie d'amélioration sous tous les rapports, et le commerce avait pris une assez grande extension dans l'intervalle de ses deux voyages. (Pag. 214 à 215.)

La propriété que l'amiral a visitée près du Cap était considérable, et calculée pour donner trois cents tonneaux de sucre; mais on y cultivait partout le plantain, le manioc et le maïs entremêlés de cannes. Elle était admirablement tenue, et ne le cédait en rien à aucune des habitations qu'il eût vues dans les Indes occidentales. Et pourtant on lui assura que cette même propriété, quoique si belle, n'égalait pas en fertilité celle de l'intérieur. En somme, la culture du sucre n'est pas comparativement très-suivie à Haïti. Les moyens de fabrication y sont médiocres, et on y manque des capitaux nécessaires pour remonter les appareils, qui ont été détériorés ou détruits entièrement dans la révolution. D'autres objets plus urgens

et plus profitables appellent d'ailleurs l'attention des Haïtiens.
Le gouvernement d'Haïti paraitrait croire que si l'on donnait
plus d'activité et d'étendue à la fabrication du sucre, les autres nations en prendraient ombrage. Jamais l'amiral n'a ouï
dire qu'on expliquât l'espèce de langueur où était cette culture
par la répugnance qu'auraient les nègres à s'y employer ; ils
ne demandaient qu'à être payés pour y travailler. Il n'est pas
non plus à sa connaissance qu'on l'attribue au taux élevé des
salaires ; il croit, au contraire, que l'on pourrait fabriquer
le sucre à Haïti à moins de frais que dans les îles anglaises, si
le gouvernement haïtien ne décourageait pas cette industrie.
Le peu de sécurité qui règne dans le pays est encore un obstacle qui arrête la construction de bâtimens et d'appareils coûteux. A peine on y est sorti de l'état révolutionnaire. A
l'époque où il s'y trouvait, l'Espagne venait de présenter des
réclamations relatives à la partie espagnole, et l'on faisait,
pour les repousser, des levées nombreuses. Cette affaire occu-
pait toute l'attention du pays, et paralysait toute entreprise de
sucrerie. Sa correspondance officielle avec le gouverne-
nement haïtien, en sa qualité d'amiral, lui a donné une idée
avantageuse de sa consistance et de sa force, et tout avait le
caractère d'une haute civilisation. La police, à Haïti, était infiniment mieux faite que celle des nouveaux états de l'Amérique du sud ; on pouvait parcourir l'île, dans tous les sens,
avec beaucoup de rapidité et par des routes bien entretenues :
celle qu'on venait d'ouvrir du Port-au-Prince au Cap-Haïtien
ferait honneur à tous les gouvernemens. On avait aussi établi
une poste régulière, et il avait pu envoyer des courriers, à
jours fixes, du Cap-Nicolas au Port-au-Prince, distance de
quatre-vingts lieues. Le gouvernement y est en tout digne d'un
peuple civilisé. On y craignait encore une attaque de la part
de la France, même à l'époque de son dernier voyage, ce qui
mettait obstacle au progrès de toutes les branches de prospérité publique. On n'avait pas exécuté la convention faite avec
la France, et l'on n'avait fait qu'un seul paiement au terme

convenu ; de là, les appréhensions qui occupaient les esprits. Le peuple était vivement opposé à tout paiement ultérieur, et blâmait fort le gouvernement d'avoir consenti à un arrangement de cette nature. Les nègres d'Haïti , sans aucun doute, sont plus riches, plus heureux , et dans une situation meilleure que ceux d'aucune autre colonie. Au moment où l'amiral se trouvait dans l'île , tous travaillaient aux champs. Il a parcouru le pays en tous les sens , et il ne croit pas qu'on puisse reprocher au gouvernement un seul acte d'oppression. (Pag. 213 à 216.)

L'émancipation des esclaves , à Caraccas, a eu lieu , à ce que croit l'amiral, en 1821. Peu de temps auparavant, Bolivar était réfugié à Haïti , et le gouvernement, pour prix de l'asile qu'il lui donna , lui fit promettre d'émanciper ses esclaves , engagement qu'il a tenu. (Pag. 216.)

L'amiral avait visité les Bahamas, lors de son dernier voyage aux Indes occidentales. Ces îles renferment plus d'esclaves que d'habitans libres. La culture du sucre, soit par les esclaves , soit par les ouvriers libres, y est très-bornée, et l'on n'y fabrique presque pas. Ces deux classes de la population sont plus occupées de la culture des alimens, de la pêche, de la nourriture des bestiaux, et des profits éventuels des naufrages. Ils mènent, les uns et les autres, une vie régulière, et il n'est pas difficile de maintenir l'ordre parmi eux. Les noirs libres et les gens de couleur y sont dans une proportion plus forte qu'à la Jamaïque, et forment à peu près un tiers de la population. Les Africains libérés y paraissent aussi civilisés que les esclaves créoles. Ces Africains, mis d'abord en apprentissage pour sept ans , et sachant qu'ils doivent être libres après un temps déterminé, s'unissent par des mariages avec les noirs libres, et ces relations les civilisent très-promptement. Il ne leur faut pas plus de sept ans pour égaler, sous ce rapport, tout esclave créole quelconque des îles anglaises. Tous se marient , le concubinage leur étant défendu. Il y a des missionnaires qui les instruisent , et l'on exige d'eux qu'ils assistent au service divin. Il sont très-industrieux, cultivent leurs propres terres , et travaillent aussi à gages. Le taux des sa-

laires aux Bahamas est d'environ un dollar par jour ; mais les
ouvriers ne trouvent pas beaucoup à s'employer, et on ne les
demande qu'à certaine époque de l'année. Les salaires ne
sont à un taux si élevé que parce qu'il n'y a de travaux réguliers que par intervalles ; s'il y avait des travaux suivis, les
ouvriers seraient moins chers. Tous ont des terres qu'ils cultivent, vendant la portion de produits dont ils n'ont pas besoin.
Le gouvernement ne leur donne que le terrain. Il y a plus de
moralité parmi les noirs libres et les esclaves des Bahamas que
chez ceux de toutes les autres colonies, la Bermude exceptée.
A la Bermude et aux Bahamas, on ne cultive point de sucre, et
l'amiral n'hésite point à affirmer que dans ces îles on trouve
plus de moralité dans la population noire, tant libre qu'esclave,
que dans aucune des colonies qu'il a visitées. Les nègres n'y
donnent aucune peine au gouvernement. Presque tous sont
chrétiens, et vont régulièrement à l'église. Ils sont mariés et
beaucoup mieux traités. On n'y trouve guère que de petits propriétaires, qui vivent en quelque sorte avec leurs esclaves, et
leur montrent beaucoup de bonté. Les esclaves de Bahamas et
de la Bermude sont d'une race tout-à-fait différente ; ils parlent mieux anglais et sont beaucoup plus intelligens que ceux
des autres îles. L'amiral croit pouvoir avancer que l'instruction
religieuse y a produit les meilleurs effets sur les mœurs et sur la
civilisation ; et il craint d'autant moins d'appuyer sur cette circonstance, qu'il s'en est convaincu personnellement. Les Africains libérés deviennent, même avant l'expiration de leur apprentissage, aussi civilisés que ceux qui sont nés et ont été
élevés dans la colonie. Pendant tout le temps qu'il a passé aux
Bahamas, il n'a vu punir qu'un seul de ces Africains. Il y
descendait souvent à terre, et il était à même d'observer par
ses propres yeux le haut degré de civilisation auquel les habitans sont parvenus. Il a trouvé dans toutes les cabanes des lits
et des ustensiles de cuisine de toute espèce. Leurs habitations
sont plus solidement bâties que dans les autres îles, précisément peut-être parce qu'elles sont plus exposées aux ouragans.

Ils jouissent de quelques douceurs au-delà du nécessaire, et ne montrent pas la plus légère disposition à reprendre les habitudes de la vie sauvage. Au contraire, pendant une tournée que l'amiral fit avec le gouverneur dans les différentes îles, il remarqua que tous aspirent à devenir propriétaires ; que beaucoup d'entre eux avaient déjà acquis quelques terres ; que leurs enfans étaient bien soignés, qu'ils étaient bien vêtus, et que les femmes mettaient même un certain luxe dans leur habillement. Il n'avait remarqué d'exception à l'industrie générale que chez deux vieillards qui savaient lire l'arabe et étaient regardés comme des prêtres ; outre ce qu'ils se procuraient par eux-mêmes, ils recevaient aussi des denrées des autres habitans, qui les regardaient avec vénération, à cause de leur grand âge. Dans l'île de Lane, il vit un homme qui venait se plaindre au gouverneur Grant d'avoir été retenu au-delà du temps légal de son apprentissage. On envoya chercher son maître, qui exposa qu'il avait gardé ce nègre parce qu'il avait cinq enfans, et qu'ayant perdu sa femme, il ne pourrait les soutenir s'il était libre. Le nègre répondit : « Si avec deux bras je puis les nourrir, en travaillant pour eux trois jours seulement sur quinze, pourquoi n'en viendrai-je pas à bout en travaillant dix jours, en allant au marché le samedi, et le dimanche à l'église? » Le gouverneur ordonna qu'il fût mis en liberté. Un an après, l'amiral le revit sur la pièce de terre qui lui avait été allouée; il y vivait dans l'aisance ; son champ était très-bien cultivé, et tous ses enfans apprenaient à lire. Les noirs ont profité de la loi d'affranchissement qui existe aux Bahamas : ou ils se louent comme ouvriers, ou ils prennent des terres à loyer des propriétaires. Le prix des esclaves n'est pas fixé aux Bahamas ; il n'y a point de tarif.

L'amiral Fleming a mis aussi sous les yeux du comité des extraits authentiques du code noir espagnol, extraits qui lui ont été délivrés, sur les ordres du gouverneur de Caraccas, par les autorités compétentes.

Ces lois sont trop longues pour qu'on les insère ici ; mais
elles respirent un esprit de morale et d'humanité qui fait le
plus grand honneur au gouvernement espagnol. On s'y occupe des dispositions nécessaires pour que les esclaves soient
instruits avec soin dans la religion catholique , et pour qu'ils
aient le temps de chômer toutes les fêtes d'obligation. On s'y
occupe aussi de leur nourriture et de leur habillement ; on y
règle la durée de leur travail de chaque jour, suivant leur âge,
leur santé, et leur force ; il y est défendu d'assigner une tâche
trop forte aux vieillards , aux jeunes gens au-dessous de dix-
sept ans , ou aux femmes ; et celles-ci ne doivent pas être em-
ployées à des travaux qui ne conviennent pas à leur sexe, ni à
ceux qui les mettraient dans le cas de se mêler avec les hommes.
On leur accorde encore certains intervalles pour qu'ils puissent
se livrer à des amusemens simples et innocens, pendant lesquels
on doit veiller à ce qu'ils ne se livrent point à l'ivrognerie. Les
individus non mariés des deux sexes doivent être logés séparé-
ment, et leurs habitations doivent être commodes, garnies de
bois de lits , de couvertures et autres objets nécessaires. Les
malades doivent être transportés dans une maison destinée à
ce service , sans parler des diverses autres dispositions ,
qui toutes portent l'empreinte de l'humanité , et d'un tou-
chant intérêt pour le bien spirituel et temporel des esclaves.
(Pag. 240 241. et 242).

CHAPITRE III.

Mémoire sur la colonie de Sierra-Leone, par M. Z. Macaulay, écrit et publie
à Londres en 1830, et soumis au gouvernement anglais.

Cette colonie, depuis le premier moment de sa fondation ,
n'a pas cessé d'être en butte à un système d'hostilités violen-
tes de la part d'un certain parti en Angleterre. Si les fondateurs
n'avaient eu en vue que de simples spéculations de commerce,
il est probable qu'on n'aurait pas mis plus d'entraves et d'obstacles à l'exécution de leur plan qu'au succès d'aucun autre
de nos établissemens extérieurs. Mais, malheureusement pour
la tranquillité et les progrès de Sierra-Leone, ils ont annoncé
que deschoses d'un ordre plus élevé occupaient leur pensée ;
ils ont osé annoncer leur haine pour la traite des noirs et pour
l'esclavage ; ils ont annoncé que dans leur opinion l'Africain
opprimé et dégradé était, lui aussi, une créature humaine,
un membre de la même grande famille qu'eux, et cohéritier
des grâces de la même rédemption. Ils ont annoncé que, suivant eux, cet Africain était susceptible d'être élevé au-dessus
de l'état de brute auquel il avait été réduit, et de montrer au
monde les mêmes qualités intellectuelles et morales que ceux
qui le courbaient sous le joug de l'esclavage. Et non-seulement ils ont fait profession de toutes ces doctrines, si odieuses
à certains esprits, mais encore, bravant la calomnie et le sar-
casme, ils ont entrepris d'en faire l'application et l'expérience. Ils ont cherché, tant par leurs efforts que par leurs
sacrifices, à appeler la race africaine à la civilisation et à la
morale.

On avait le droit d'espérer qu'une semblable tentative,
ayant pour but de réagir contre les maux qu'entraîna l'in-
fâme trafic des esclaves, et de réparer en partie les effets dé-
sastreux qui en étaient résultés pour le caractère et le bien-être
de cette portion infortunée de notre espèce, serait du moins
traitée avec indulgence, si ce n'était avec respect, quelque

malheureuse que pût en être l'issue. Bien loin de là, il semble que le motif philantropique qui en était l'esprit, que ce motif même n'ait servi qu'à envenimer davantage l'animosité de l'opposition, qu'à rendre plus acérés les traits de la calomnie, qu'à donner plus de poids à toutes les suggestions de la malveillance et à tous les mensonges débités sur cette colonie. Et même dans ce moment (1), après que tant de sinistres prédictions de ses ennemis ont été convaincues de fausseté, lorsqu'elle a surmonté les dangers qui assaillaient son berceau, et les obstacles que fortifiait sans cesse l'animosité de ses adversaires; lorsqu'elle a marché pendant plusieurs années, malgré les vices et les désordres de son administration, avec une prospérité toujours croissante, s'applaudissant de ce qu'aucun esclave ne souille son territoire, et heureuse d'avoir tiré des milliers d'Africains de l'abjection et de la misère la plus profonde, pour les élever à la jouissance des bienfaits de la liberté anglaise, et des lumières du christianisme : dans ce moment il se trouve encore des hommes qui semblent se faire un plaisir de renouveler, en les ornant de nouvelles exagérations, les calomnies si souvent répétées, et de travailler autant qu'il est en leur pouvoir, non-seulement à décréditer cette colonie dans l'opinion publique, mais encore à la faire disparaître, s'il était possible, de la face de la terre.

Nous ne nous arrêterons pas à chercher les motifs qui, de tant d'autres établissemens coloniaux de l'Angleterre, ont pu attirer une préférence si singulière à celui de Sierra-Leone, et en ont fait le point de mire exclusif d'une hostilité uniforme et persévérante; hostilité portée jusqu'à une sorte de fureur de la part d'une certaine classe de personnes, et qui n'a cessé de s'attacher à chacun de ses pas, depuis 1791 jusqu'à ce jour. Ces motifs se présentent assez d'eux-mêmes aux yeux de tous ceux qui ont suivi avec quelque attention la grande contro-

---

(1) En 1830.

verse agitée, pendant ce laps de temps, entre les ennemis et les amis de l'esclavage ; entre ceux qui se font une source criminelle de richesses de la violation des lois divines et humaines, à l'égard de malheureux Africains qu'ils enlèvent et qu'ils chargent de chaînes ; et ceux qui sentent que l'existence seule de l'esclavage, dans toute possession anglaise, est un crime national des plus noirs, et que ce serait un devoir de détruire cette affreuse institution, comme un arbre dont on arrache jusqu'au dernier rameau, dont on extirpe jusqu'à la racine la plus profonde.

Ces réflexions nous ont été suggérées par un volume qui vient de nous parvenir, ayant pour titre : *Pièces relatives à la colonie de Sierra-Leone*, imprimées par ordre de la chambre des communes, le 17 février 1830, sous le numéro 57. Pour justifier les observations ci-dessus, et en même temps pour porter la conviction dans l'esprit de nos lecteurs, nous n'avons rien de mieux à faire que de leur mettre sous les yeux la substance de cette importante publication.

La première partie se compose de la correspondance du gouvernement local avec le bureau des colonies, du 1ᵉʳ janvier 1826 au mois de septembre 1829, concernant les Africains libérés établis dans la colonie de Sierra-Leone.

Le premier exposé qu'on va lire est tiré d'une dépêche du général Turner, en date du 25 janvier 1826; il donnera une idée, insuffisante il est vrai, tant de l'importance du sujet que du système absurde et imprévoyant qui, jusqu'à cette époque, avec les meilleures intentions, nous voulons bien le croire, avait été suivi par les prédécesseurs de ce général qui gouvernaient cette colonie sous les ordres du bureau colonial.

« Un grand nombre d'objets divers réclamaient mon attention dans cette colonie; mais il en était fort peu qui méritassent mieux d'être approfondis que ce qu'on appelle « *le département des Africains libérés.* » Quelque sages et convenables qu'aient pu être les règlemens administratifs, pour les premières années de cet établissement, il est de toute évidence qu'ils ont cessé depuis long-temps d'être en harmonie avec ses besoins, et il est d'une égale évidence qu'ils lui conviennent moins chaque jour, en raison du grand nombre d'esclaves capturés dont s'est grossie la population de la colonie. Plus de vingt mille esclaves y ont été débarqués, et dans le cours de l'année dernière seulement, on en a émancipé au-delà de deux mille. Si le commerce des esclaves continuait à s'accroître dans la même proportion que pendant les deux dernières années, nul doute que, vu l'activité de nos croiseurs, le nombre des Africains importés à Sierra-Leone ne s'accrût également, et n'y entassât bientôt une masse d'hommes fort embarrassante; elle y est déjà fort nombreuse, au point qu'on en est à chercher ce qu'on pourra en faire et par quels moyens ils pourront pourvoir à leur subsistance. D'après le mode qui a prévalu *jusqu'à présent*, on les a distribués dans les villages, où, *pendant plusieurs années, le gouvernement les a soutenus dans l'inaction;* mais déjà les villages et le sol ingrat des montagnes où ils sont situés leur refusent une chétive subsistance, et ils commencent à errer pour chercher un terrain plus fertile et des moyens d'existence plus faciles. La tendance de tout ceci est de les forcer à retourner dans leurs forêts, de les replonger dans l'état de nature et dans la barbarie, ou d'en faire des hordes vagabondes qui infesteront Freetown et les villages les plus populeux. Je tâche, du moins pour le moment, de prévenir ce fâcheux résultat, en les employant à des travaux publics, comme à porter des briques et autres matériaux, et je leur fournis, aux frais de l'administration, la nourriture, le logement et quelques hardes. Je les ai formés en petits détachemens, que j'ai confiés, après les avoir enregistrés, à des personnes respectables qui les font travailler à la terre, ou les emploient comme domestiques. On a reconnu qu'*en les appliquant à un travail modéré et réglé, comme celui auquel ils ont été habitués,* dès le moment même où ils débarquent des bâtimens négriers, *on en fait de bons ouvriers et des hom-*

mes d'une conduite régulière; mais lorsqu'ils ont été cantonnés dans les villages, et sont accoutumés à *être entretenus gratuitement,* on a eu ensuite toutes les peines du monde à les décider à travailler à la journée, même pour un fort salaire. Les frais de cet établissement ont été très-considérables; je crois qu'on n'a rien de mieux à faire que de maintenir les règlemens sous l'empire desquels je suis parvenu à réduire ces frais, l'année dernière, au montant porté à la cédule ci-jointe, et je crois qu'on peut les réduire encore; mais, comme le système est vicieux dans son ensemble, le seul succès que je puisse me promettre, c'est de diminuer le mal.

« *Ce serait s'exposer à un grand mécompte que d'imaginer qu'une masse nombreuse de pauvres gens plongés dans l'ignorance, sans capitaux, sans industrie, sans métiers d'aucune espèce, puissent être amenés à pourvoir eux-mêmes à leurs besoins, et à cultiver des articles propres à l'exportation, si on ne les fait travailler à gages. Si ce système pouvait réussir, même en Angleterre, on se trouverait bientôt à même d'y abolir la taxe des pauvres.*

« Douze villages ont été établis pour civiliser ces malheureux, pour les instruire et les tenir réunis ; on y a formé des établissemens très-convenables en théorie, mais presque inutiles dans la pratique : un ministre, un maître d'école et un directeur dans chaque village; on est tenté, au premier coup d'œil, de croire qu'avec cela on peut faire face à tous les besoins; mais malheureusement les inconvéniens du climat, les privations, les fatigues, le peu d'analogie de la position et du genre de vie de ces fonctionnaires avec leurs anciennes habitudes, l'absence d'intérêt personnel et la conviction qu'ils n'ont aucun avancement à espérer, en diminuent bientôt le nombre. Il n'y a en ce moment dans la colonie qu'*un* seul missionnaire (M. Raban), *trois* ecclésiastiques luthériens, *cinq* maîtres d'école et *quatre* directeurs; il ne se trouve pas parmi eux un seul homme qui ait les plus légères connaissances agricoles, et je ne sache pas qu'on ait jamais attaché à

la colonie un seul individu ayant quelques notions de l'agriculture de l'Europe ou des tropiques. Il n'est pas étonnant
que, dans un état de choses si désavantageux, la culture n'ait
pas fait de grands progrès. »

Il y avait peu de temps que cette lettre était écrite, lorsque
le général Turner mourut, victime tout à la fois de l'influence du climat et des fatigues excessives qu'il s'était données pour l'exécution de ses plans d'amélioration. Les réformes
projetées par cet officier, aussi zélé qu'habile, furent reprises et
poussées avec autant de vigueur que possible par son succes-
seur, sir Neil Campbell, puissamment secondé par le lieutenant-colonel Denham, qui s'est fait connaître si avantageusement comme compagnon du capitaine Clapperton, lors de sa
célèbre expédition dans l'intérieur de l'Afrique.

Les extraits suivans de leur correspondance donneront une
idée claire de la nature et des effets des changemens judicieux
que ces deux officiers ont concouru à introduire dans le régime de Sierra-Leone.

Voici ce qu'écrivait, le 19 janvier 1827, sir Neil Campbell :

« J'ai l'honneur d'informer votre seigneurie de l'arrivée
ici du lieutenant-colonel Denham, intendant général des Africains libérés, venu le 9 courant par le bâtiment de S. M. *le
Cadmus.* Sa coopération ne peut manquer de m'être d'un grand
secours pour les fonctions importantes dont je suis chargé.

« D'après le système qu'on a commencé à suivre depuis
le 1er de ce mois, et qui, je l'espère, méritera l'approbation
de votre seigneurie, je suis porté à croire que la tâche du
lieutenant-colonel Denham ne sera pas très-difficile ; mais,
dans le cas contraire, je trouverai en lui tout le talent, le
zèle et la bonne volonté que je puis désirer pour l'exécution
et le succès des commissions que j'aurais à lui confier.

« Il m'a fallu beaucoup de temps pour découvrir que le
système qu'on a suivi jusqu'à présent, savoir, celui de *la
distribution des rations,* était décidément et radicalement
mauvais, et qu'il était temps d'y renoncer. A compter du

1ᵉʳ janvier 1827, il ne doit plus être distribué de *rations* aux Africains libérés, soit à Freetown, soit dans les villages ; mais on les remplacera par une somme de 3 d. sterl. (1) par jour » (solde réduite depuis à 2 d. pour les adultes, et à 1 1/2 d. pour les enfans), « qui leur sera payée en main propre et sur les lieux, ou, s'ils n'étaient pas assez anciens dans la colonie pour qu'on eût confiance en eux, payée en leur présence et en celle des directeurs, qui sont munis d'états réguliers de paiemens mensuels, portant les noms de chaque individu, homme ou femme, et la somme qu'il a reçue. On a considérablement réduit le temps pendant lequel les Africains seraient à la ration ; les adultes seront adoptés par quelques-uns des plus respectables des Africains pensionnaires ou libérés des différens villages, lesquels en prendront soin gratuitement. Les femmes en âge d'être mariées recevront une solde de secours pendant trois mois, les hommes pendant six. Quoique la durée de la solde soit ainsi limitée à six mois pour ces derniers, ce qui est le *minimum*, cependant il y aura des circonstances où elle pourra leur être continuée, même pendant une année ; lorsque, par exemple, leur santé aura souffert des mauvais traitemens reçus à bord, ou des suites d'un long voyage. Mais ces Africains libérés ne resteront point oisifs ; ils seront employés à améliorer les routes ou à en ouvrir de nouvelles, à se construire des maisons, et à cultiver les lots de terre qui leur auront été alloués. »

Ce qui suit est extrait des instructions de sir Neil Campbell, en date du 1ᵉʳ décembre 1826 :

« Les Africains libérés qui avaient été jusqu'ici à la ration recevront à l'avenir la somme de 3 d. sterl. par jour, qui leur sera payée à chacun par les directeurs, à qui elle sera remise par l'intendant général. Ce paiement leur sera fait chaque semaine et huit jours à l'avance.

----

(1) Ou 30 centimes de France.

« Cet arrangement épargnera l'embarras et les frais qu'entraînent l'achat des denrées à Freetown, et l'envoi de ces denrées dans les différens villages ; il sera en même temps plus agréable pour les travailleurs et fera circuler le numéraire dans l'intérieur de la colonie; ils trouveront à acheter sur les lieux les denrées dont ils auront besoin, et ce mode encouragera les détailleurs industrieux à former des établissemens. Des modèles d'états de paiemens seront remis aux payeurs.

« Cette solde de secours sera payée sur les lieux aux Africains anciennement établis, qui seront chargés des nouveaux, au moment de leur sortie des bâtimens négriers, jusqu'à ce qu'ils soient en état de se pourvoir par eux-mêmes, au moyen des établissemens qu'ils auront formés. Pour les femmes, la durée de cette solde sera de trois mois, et de six pour les hommes, sauf certains cas extraordinaires avec l'approbation de l'intendant général.

« Tous les jeunes gens, garçons et filles, au-dessous de quinze ans, ou ceux qui seront considérés comme hors d'état, avant cet âge, de défricher et de cultiver une pièce de terre, seront distribués chez ceux des anciens que les directeurs auront désignés, jusqu'à ce qu'ils aient atteint l'âge susdit ; alors leur père adoptif sera déchargé d'eux ; il leur sera donné un lot de terre, et leur solde cessera d'avoir lieu. »

Après une désignation des hardes et outils qui devront leur être distribués pour la première année, l'instruction continue ainsi qu'il suit :

« On croit devoir donner avis au public que la route de Freetown à Wellington est parfaitement sûre pour les voitures, et, pour les chevaux, celle de ce dernier point à Hastings et à Waterloo, par le nouveau village d'Allentown, situé à mi-chemin entre Wellington et Hastings, et à la même distance de Charlotte.

« Dans le courant de la semaine prochaine, il sera établi dans les villages de Wellington, Hastings et Waterloo, sous la direction des directeurs, des auberges pour la commodité des habitans; il y sera tenu des tables à des prix fixes, avec un tarif revêtu de la signature des dits directeurs, et affiché dans la salle à manger, pour prévenir toute exaction.

« L'école d'Hastings sera rétablie sans délai, et M. Foy y nommera un instituteur pris parmi les moniteurs des autres écoles.

« Le gouverneur s'attend à trouver dans chaque village, lorsqu'il fera sa tournée, un registre où seront consignés les noms de tous les Africains libérés et l'époque de leur arrivée dans la colonie, de telle sorte que nul *homme* ne reçoive les rations ou la solde du gouvernement après six mois de résidence dans la colonie, nulle femme après trois mois, et aucun garçon ou jeune fille au-dessus de quinze ans; le registre devra présenter clairement l'observation de toutes ces dispositions, et indiquer aussi ce qu'est devenu tout Africain qui aurait quitté le village.

« M. Pyne, arpenteur de la couronne, se rendra le plus tôt possible dans les villages africains, pour y procéder aux opérations ci-après, d'autant plus importantes, qu'elles tendent *à donner aux Africains libérés un motif pour s'appliquer à la culture des lots de terre qui leur sont alloués, et à leur inspirer la sécurité nécessaire dans le maintien de leurs propriétés* : DEUX POINTS TOTALEMENT NÉGLIGÉS JUSQU'A CE JOUR *et pourtant indispensables, si l'on veut les encourager convenablement, et montrer un but positif et permanent à leurs efforts individuels.*

« 1° Il mesurera et assignera dans les villages un lot de terre pour chaque Africain libéré.

« 2° Il mesurera aussi un lot de terre, qui sera assigné à chaque directeur ou sous-directeur.

« Les directeurs avertiront les sous-directeurs de la nécessité, pour ceux des Africains libérés qui sont sous leur direction, de se conformer strictement aux heures ci-après fixées, tant pour les travaux des champs que pour les instructions de l'école.

« Les heures de *classe* pour les individus *au-dessus de quinze ans* seront, pendant les jours ouvrables, de onze heures à midi, et de une heure à trois.

« Attendu leur âge, il est inutile de leur assigner un plus grand nombre d'heures, cette classe se composant soit d'individus *qui arrivent à la jeunesse*, et en qui il suffit d'entretenir le souvenir de l'instruction qu'ils ont reçue à l'école, soit d'individus *parvenus à une époque de la vie beaucoup plus avancée*, et à qui un degré d'instruction de plus ne pourrait être d'une grande utilité. La contrainte, d'ailleurs, à l'égard des uns ou des autres, ne pourrait produire aucun bon effet.

« Pour ceux qui sont *âgés de moins de quinze ans*, les heures de classe seront, pendant la semaine, de neuf heures à midi, et de une à trois heures de l'après-midi.

« On n'a point fixé dans ces instructions un temps de travail particulier pour l'immense majorité des Africains libérés qui ont été débarqués dans la colonie, qui sont déjà d'un âge mûr, ne parlent pas un mot d'anglais, et n'ont point été à l'école. Jamais on n'a usé de contrainte dans cette colonie, *et on doit espérer que d'après la garantie qui vient d'être donnée aux Africains* » (ceci s'applique aux lots de terre qui leur sont concédés à perpétuité), « *garantie dont ils n'avaient jamais joui précédemment, ce moyen sera moins nécessaire que jamais.* »

Dans une lettre en date du 7 mars 1827, sir Neil Campbell s'exprime ainsi :

« J'ai l'honneur d'assurer votre seigneurie, et je crois pouvoir me permettre cette assertion sans qu'on ait le droit de m'accuser d'une confiance aveugle, que cette colonie possède des ressources considérables, que le temps développera par degrés, et qu'elle marche dès à présent dans la voie des progrès, d'un pas plus rapide qu'elle n'avait fait jusqu'à ce jour. »

Le rapport du colonel Denham, après un séjour de cinq

mois dans la colonie, est du plus haut intérêt, et démontre la fausseté des mille et une calomnies inventées par la méchanceté, et propagées avec un zèle et une ardeur dignes d'une meilleure cause. Il porte la date du 21 mai 1827.

« Il y a si peu de temps encore que je suis chargé de la direction des Africains libérés, que j'éprouve une sorte de défiance de moi-même en affirmant que, *par suite des changemens importans, et si long-temps désirés, qui ont eu lieu dans toutes les branches de l'administration,* depuis l'arrivée du gouverneur actuel, sir Neil Campbell; on ne saurait contester les progrès marqués de la colonie, comme en feront foi les rapports que j'aurai prochainement l'honneur de mettre sous les yeux de votre seigneurie.

« Les avantages dont la privation s'est fait le plus vivement sentir dans cette colonie, ou plutôt aux Africains libérés, c'est l'instruction, ce sont des capitaux et le bon exemple. *J'ai lieu de m'étonner, de plus en plus tous les jours, qu'ils aient tiré autant de profit du peu qu'ils ont pu avoir de toutes ces choses jusqu'à ce jour.*

« *Le goût des hommes placés dans les différens établissemens paraît les porter, en général, vers l'agriculture.*

« *Je n'ai remarqué aucun symptôme d'éloignement pour le travail volontaire; c'est un système qui paraît être parfaitement entendu, et qui est pratiqué par les Africains libérés de Sierra-Leone; leurs idées à cet égard se fortifient à mesure qu'ils apprennent à connaître davantage les bons effets du travail, qu'ils en recueillent les profits, et qu'ils goûtent les douceurs que ces profits les mettent à même de se procurer.* Et il est vrai de dire que si le nombre des ouvriers cultivateurs a été comparativement faible dans les villages, il faut s'en prendre en grande partie au nombre considérable d'Africains qui ont été employés à diverses constructions, soit par le gouvernement, soit par les particuliers, pendant ces dernières années. Le salaire des ouvriers a varié de 1 *shilling* à 6 *pence* (1) par jour ; cependant, on n'a jamais manqué d'Africains libérés disposés à louer leurs bras. Il y a maintenant sur les magasins de la marine, qui sont en construction à contrat, à King-Tom's-Point, près de deux cents ouvriers africains libérés ; ces hommes travaillent avec zèle et assiduité pour 20 *shillings* par mois, payés la moitié en argent, et le reste en denrées prises dans les magasins des marchands qui ont soumissionné cette fourniture.

« La durée du travail surpasse celle qui est usitée même dans le midi de l'Europe, où l'on se repose pendant plusieurs heures, lorsque le soleil se fait sentir avec le plus de force. Les ouvriers de la colonie sont constamment en action depuis six heures du matin jusqu'à cinq heures de l'après-midi, excepté de neuf à dix heures, moment de repos qu'on leur accorde pour le déjeûner.

« L'agriculture aurait besoin d'être encouragée par tous les moyens possibles ; toutefois, je suis porté à croire que le genre de travaux auquel on a employé et on emploie encore un si grand nombre d'Africains libérés, n'a pu, en définitive, que produire sur eux un effet salutaire ; car ils ne peuvent manquer d'acquérir de l'intelligence et l'habitude d'un travail régulier et soutenu, ainsi qu'une infinité de notions générales, étant employés comme artisans, et se trouvant à même de suivre et d'observer les progrès des édifices publics en construction, depuis les fondations jusqu'au toit, tels que les vastes casernes et un très-beau bâtiment destiné à servir de magasin de marine, qui sont sur le point d'être achevés.

« *Déjà les Africains ont ouvert les yeux sur les bienfaits de l'industrie, en jouissant des profits qui en résultent, et chaque jour ils attachent plus d'importance aux avantages de la propriété.*

« Déjà, une trentaine des libérés qui ont été employés à ces travaux et à d'autres édifices publics et particuliers, à qui

____

(1) 24 à 12 sous de France.

il n'avait pas encore été alloué de lots de terre, se sont adressés
à moi pour en obtenir à Campbell-Town , sur la crique de
Calmont, où le sol est très-fertile , afin , disent-ils, de s'y
établir tranquillement. Tous ces hommes ont économisé, à
leur profit, des sommes considérables qui les mettent à même
de se bâtir des habitations plus commodes, d'acheter les articles
de ménage nécessaires , et même quelques objets d'agrément ;
ils offriront par là un exemple utile à ceux de leurs frères à qui
on a fait des concessions de terre, au moment même de leur
arrivée dans la colonie, il n'y a que quelques mois.

« *Il n'y a pas un village où l'on n'aperçoive quelques
indices du désir de se procurer non-seulement les nécessités,
mais les douceurs et le luxe de la vie , depuis l'individu le
plus anciennement établi jusqu'à l'Africain libéré d'hier.
Les articles de toilette de l'Europe sont ce qui excite surtout
leur ambition, et pour gagner les moyens de se les procurer,
les deux sexes se livreront avec plaisir au travail ; il y a
une amélioration sensible et progressive dans leurs habitations , à mesure qu'ils ont eu à leur disposition les moyens et
les matériaux nécessaires.*

« *Quant à l'introduction du travail libre parmi les Africains libérés établis dans cette colonie, je n'ai pas l'ombre d'un
doute qu'on ne réussît à l'introduire , et même je ne crois pas
qu'on obtînt d'eux avec un autre système seulement la moitié
de l'ouvrage qu'ils feraient librement , à moins qu'on n'employât à leur égard les moyens de contrainte, les plus cruels.*

« J'ai formé mon opinion à cet égard sur des faits que j'ai
été à même de recueillir dans chacun des établissemens d'Africains libérés , où j'ai passé successivement une , deux
et même trois semaines ; je me bornerai donc à publier
ces faits plus décisifs, à mes yeux, que tous les raisonnemens.

« Le nombre des maisons de bois sur fondations en pierre
et celui des maisons de pierre se sont accrus dans tous les
villages, particulièrement dans ceux des montagnes, Gloucester
et Régent; il y en a le triple de ce qu'on y voyait il y a trois

4

ans; à Wellington, il y a sept maisons en pierre presque finies, et qui ne sont commencées que depuis deux ans. C'est *par le travail libre et à force d'industrie*, que les propriétaires de ces habitations, qui leur ont coûté de 100 à 200 dollars, ont acquis les moyens de se former ainsi un établissement permanent. Tous, sauf un petit nombre de soldats du 4ᵉ régiment des Indes occidentales, sont des Africains débarqués ici aussitôt après la capture des bâtimens de traite ; on leur donna seulement un lot de terre et les rations pendant un certain temps, et ils se sont faits maçons, charpentiers, tonneliers, serruriers et fermiers. Un des Africains libérés, propriétaire d'une excellente maison en pierre à Wellington, gagna, la première année, 20 liv. sterl. à vendre des ochroes, végétal fort estimé ici et très-rare dans les sécheresses ; il en gagna autant l'année d'ensuite. Un autre doit à plusieurs bonnes récoltes de maïs d'avoir pu améliorer son habitation ; un autre, enfin, a gagné ce dont il avait besoin pour cela dans une entreprise pénible, mais lucrative, de fabrication de chaux.

« Régent et Wellington sont de tous ces établissemens les plus riches et les plus peuplés. Régent ne se compose que d'Africains libérés ; on n'y a jamais établi de soldats licenciés. M. Johnston, le directeur, un dimanche matin, après l'office divin, me montra une trentaine d'individus possesseurs de plus de 100 liv. sterl. chacun. La population de Régent va au-delà de treize cents âmes, et il y a de trois à quatre cents communians ; les congrégations sont parfaitement dirigées, et tout le monde y est vêtu à l'européenne et très-proprement.

« Les marchés de Freetown sont abondamment fournis en fruits et en légumes, apportés presque exclusivement des villages de montagnes ; et tous les jours, on voit le long de la colline par laquelle on descend à Gloucester-Town, de quatre-vingts à cent individus, hommes, femmes, jeunes filles et jeunes garçons, chargés des produits de leurs fermes et de leurs jardins. Il faut remarquer aussi que tout cela est entièrement le fruit de leur industrie et de leur persévérance, puisqu'ils n'ont jamais reçu la moindre instruction sur une branche de travail si importante.

« Dans les terres basses, à l'est, le long de la rivière Bunce, et sur les différentes lignes qui se trouvent d'Allentown à Waterloo, et de là à Calmont-Creek, on pourrait récolter du riz en grande quantité, si les habitans avaient les capitaux et les débouchés nécessaires. La culture du riz, en petit ou en grand, exige une attention et un travail continuels ; quelques-unes des rizières les plus productives que j'aie vues, et dont les meilleures étaient sur une petite échelle, étaient des fermes d'association.

« On regarde le riz de l'Afrique comme le meilleur qu'il y ait au monde ; la consommation ici en est énorme, et dépasse peut-être douze milliers de livres par an. Les bénéfices de ce commerce passent aux négocians de Maudingo, Sherbro, Rio-Pongos et Porto-Logo, ce que les marchands de Freetown trouvent extrêmement avantageux, attendu qu'ils remportent la plus grande partie du prix de leurs importations en toutes sortes d'articles de leurs magasins.

« On pourrait aussi cultiver le coton, et même avec moins de peine que le riz : on le trouve sauvage de trois espèces, blanc, brun et cramoisi ; la première espèce est excellente.

« On a beaucoup de peine à se débarrasser de l'indigo, qui pousse naturellement et en grande quantité ; la qualité en est excellente, et est, pour son excellence, devenue proverbiale.

« On a fait les essais les plus heureux sur le gingembre, et l'on espère que l'année prochaine, la récolte en sera très-abondante ; il rend environ soixante pour un, est d'une beauté remarquable et d'un parfum exquis ; mais, faute d'instruction, les cultivateurs ne savent pas encore l'éplucher et le préparer pour la vente en Europe. Au moyen de quelques encouragemens, les Africains libérés pourraient donner une large extension à la culture de ces articles.

« Les lords de la trésorerie trouveront, je m'assure, que le premier effet des dispositions aujourd'hui en pratique, et

dont les avantages ne peuvent encore se faire sentir qu'en partie, sera de diminuer considérablement les frais relatifs aux
Africains libérés sur cette côte, tandis qu'en même temps,
elles augmenteront en raison directe les douceurs de leur position, et contribueront aux améliorations générales. En rem-
plaçant les rations par une paie en argent, suivant le système
adopté par le gouvernement actuel, qui alloue à tout Africain
libéré au-dessus de quinze ans, trois *pence* par jour, on
donnera lieu dans les villages à une circulation de numéraire
inconnue jusqu'ici, qui sera très-avantageuse aux habitans, et
excitera l'émulation en encourageant l'industrie.

« Toutefois, les secours accordés par le gouvernement ne
doivent jamais durer plus de six mois, sauf dans quelques cas
particuliers, comme maladie, incapacité de travail, etc.

« On a l'intention de décerner des récompenses aux différens directeurs ou cultivateurs qui, à la prochaine récolte,
présenteront la plus grande quantité de café ou de gingembre
de bonne qualité ; et d'autres récompenses moins fortes atten-
dent aussi ceux qui feront les plus belles récoltes en articles
d'une culture plus générale.

« Des marchés ont été établis dans tous les villages ; les
femmes des petits cultivateurs y apportent les productions de
leurs fermes, et en reçoivent le prix en argent, le tout sous la
surveillance des maîtres d'école et des directeurs ; cet argent
circule ensuite dans le village, où il y a, en général, de une
à quatre boutiques. Auparavant, toutes les denrées nécessaires
à la vie étaient fournies par quelques marchands de Freetown,
et souvent, par des individus qui, sans être marchands, en-
levaient tout ce qu'ils pouvaient trouver chez les petits cultivateurs, et le payaient en argent ou en marchandises; ensuite,
ils revendaient en gros à l'administration des Africains libérés,
à un bénéfice très-fort, et l'argent, payé à Freetown par une
lettre de change sur le gouvernement, ou autrement, était envoyé hors de la colonie.

« A peine, dans tout le cours de l'année dernière, voyait-on circuler dans les villages des Africains libérés quelques pièces de monnaie ; aujourd'hui, le numéraire abonde, et les échanges se font à des prix modérés. »

Voici ce qu'écrivait encore le colonel Denham, sous la date du 15 novembre 1827 :

« Je vous adresse cette lettre de Kent, notre établissement occidental sur le cap Shilling, que je visite, ainsi que les îles Bananas, depuis vingt jours.

« Les villages à l'ouest ont toujours eu, pour leur culture, un très-grand désavantage, provenant de leur éloignement de Freetown, le seul marché jusqu'à présent où ils pussent trouver à vendre leurs denrées ; aussi, n'ont-ils guère récolté au-delà de ce qui était nécessaire à leurs besoins. Mais depuis qu'ils trafiquent avec Sherbro, et au moyen de l'argent qu'a fait circuler la construction des édifices publics, ils se sont trouvés en état d'acheter des habits et autres objets agréables, ce qui leur permet de faire un peu meilleure figure. Pendant mon séjour à Kent, nous avons eu tout en abondance et à très-bon marché, tous les jours, du lait, des œufs, de la volaille, du poisson, et du mouton, et un jeune taureau sauvage des Bananas nous a donné la meilleure viande qu'on puisse imaginer. On trouve ici quantité de yams, de pommes de terre, d'ochroes et de cocos ; et l'on ne pourrait dire raisonnablement que les habitans y souffrent de la disette. Jamais, en Espagne ou en Portugal, je n'ai vu un seul village où un Anglais pût se procurer plus facilement tout ce qui constitue pour lui ce qui est confortable.

« George-Town, dont j'avais posé la première pierre, ou, pour parler plus exactement, pour lequel j'avais jeté la première pelletée de terre, lorsque je visitai Cap-Shilling, s'élevait avec rapidité.

« Les habitans paraissaient fort contens de pouvoir jouir bientôt d'une communication régulière par terre avec Waterloo, et j'espère que d'ici à deux mois, la route qui doit aller de Kent à cette ville, déjà remarquable par un grand mouvement d'affaires, sera ouverte et praticable pour les chevaux, ce qui ne s'était pas encore vu. Les habitans de Kent promettent d'entretenir le marché de chèvres, de moutons et de poisson sec, articles que ceux de Waterloo sont obligés de tirer à grands frais de Freetown. Cette route, ainsi qu'un pont en bois de vingt-huit pieds de large, doit être construite entièrement par des Africains libérés, qui seront payés par le gouvernement, et il n'en résultera aucune charge de plus pour le public.

« Les produits des îles Bananas ont augmenté considérablement cette année ; toute la partie nord est couverte de rizières presque bonnes à moissonner, et l'on estime qu'on pourra en rentrer de quarante à cinquante milliers. Dublin, maintenant le seul village, est dans la partie nord de la plus grande de ces îles. A l'extrême ouest, est une île petite, mais très-fertile, couverte de palmiers : elle offre plusieurs baies sûres et un bon mouillage pour des canots, des bateaux, et même pour de petits bâtimens. Dans le nord de cette île, se trouve la meilleure pêcherie de toute la côte ; j'y ai rencontré quelques individus de Sherbro, qui ont l'habitude d'y venir, et qui, après y avoir passé le temps nécessaire pour prendre et faire sécher autant de poisson que leurs canots en peuvent contenir, se rendent à Freetown avec leurs cargaisons. On parle d'un Français, du nom de *Mieux*, à ce que je crois, qui, après avoir résidé trois ans dans cette île, voyant qu'il ne pouvait espérer de continuer son trafic d'esclaves, la quitta brusquement avec le petit nombre d'hommes qui s'étaient attachés à lui, sans qu'aucun d'eux y eût jamais été malade un seul jour. Les chèvres qu'il y laissa ont fini par devenir un troupeau formidable qui erre en liberté sur toute la surface de la petite île. J'ai résolu d'y former un établissement composé de quarante Africains libérés, de six soldats licenciés et d'un sergent, et je n'ai aucun doute qu'il ne prospère. Il leur suffira, la première année, d'un commerce de poisson sec, d'huile de palmier, et de noix, pour se soutenir et se commencer la culture de leurs fermes. Le riz de la Caroline, après trois ans, a donné sept et huit pour un; la qualité en est supérieure, dans ces iles, à tout ce que je pourrais acheter à Freetown, et comme je fais du riz ma principale nourriture, on peut s'en rapporter à mon jugement sur la qualité de ce grain. Il est difficile de se procurer du riz de la Caroline, et cinq ou six milliers de livres, pour semailles, y seraient reçus avec reconnaissance. Cette ile est séparée de la grande par un canal profond, par lequel peuvent passer en tout temps des bâtimens de deux cents tonneaux. Sauf votre approbation, je l'ai nommée l'ile de Hay.

« Il serait difficile, pour le moment, de rien dire de positif sur ce que le gouvernement de sa majesté peut se promettre de cette colonie; le produit du sol, quelque encombré qu'il soit de rochers, fournira certainement des vivres abondans à la population actuelle; et comme l'intelligence et l'industrie y font journellement des progrès, les récoltes ne peuvent manquer de s'accroître, tant en quantité qu'en qualité. Cela sera l'ouvrage du temps, vu qu'il est tout simple et tout naturel que les colons s'adonnent de préférence à la culture des articles dont l'expérience leur aura démontré les avantages.

« Indépendamment de son commerce intérieur, la population de la péninsule formera toujours un débouché important pour les marchandises anglaises et tous autres articles du commerce en général.

« *Je n'ai aucune connaissance de ce dont peut être capable le nègre esclave; mais ce dont je suis très-sûr, c'est que le nègre libre, soit dans son propre pays, soit partout ailleurs, où l'esclavage n'a jamais existé, a un sentiment aussi vif qu'aucun blanc qui soit au monde, des droits et des priviléges de l'homme, et je défie tout blanc quelconque de produire aucun exemple, parmi les noirs de cette classe, de cette aversion naturelle pour les blancs que les gens à théories, et les colons des Indes occidentales, prétendent nous donner et reconnaissent comme un fait; le blanc, au con-*

traire, est toujours regardé par ces noirs comme un supé-
rieur, un protecteur, et un ami, tant qu'il ne fait rien qui
puisse détruire cette opinion.

« On a toujours, et il n'est pas aisé d'en assigner la cause, regardé ces établissemens comme malsains, et l'on a souvent négligé d'y faire les inspections trimestrielles ; ou elles n'ont jamais été faites qu'en courant, en quarante-huit heures. Pour montrer l'exemple, je m'y suis rendu en me faisant accompagner par des employés ; et, moyennant quelques ustensiles, quelques vivres froids et une petite provision de boissons, que j'envoyais en avant chez les directeurs, j'ai toujours trouvé, pendant un ou deux jours que j'y passais, ma table aussi bien garnie que je pouvais le désirer. Maintenant, on voit les militaires et les membres du conseil partir avec plaisir de Freetown pour visiter les montagnes ; ils descendent à l'auberge, munis d'un matelas, pour pouvoir jouir de la fraîcheur de la brise pendant vingt-quatre heures. »

Dans une autre lettre à M. Hay, en date de Charlotte, dans le district des montagnes, le 3 décembre 1827, le colonel Denham écrivait ce qui suit :

« Je viens de me cantonner ici pour quelques jours, afin de juger de l'accroissement de nos récoltes, qui approchent de la maturité, par suite des nouveaux défrichemens qui ont eu lieu au printemps dernier, pendant mon séjour dans ces montagnes. Tous ceux qui y ont obtenu des terres, ont maintenant terminé la construction de leurs maisons ; leurs lots sont entourés de palissades, et leurs fermes suffisamment fournies de légumes et autres denrées pour leur subsistance ; ce n'est que dans un très-petit nombre de cas que les trois *pence* par jour qu'accorde le gouvernement, ont été continués au-delà du temps de six mois, à compter du jour de leur arrivée. Ceux qui sont le plus anciennement établis, ont singulièrement amélioré leurs habitations et augmenté la valeur de leurs fermes ; le numéraire qui a été mis en circulation dans les villages, depuis qu'on a pris le parti de payer sur les lieux, et en espèces, le paiement accordé par le gouvernement, à quoi il faut joindre les sommes allouées pour l'entretien des écoles, a fait un bien infini ; il y avait samedi plus de deux cents personnes au marché de Régent ; on y trouvait du bœuf et du mouton, et presque toutes les denrées que pourrait désirer pour sa table une famille aisée, dans quelque pays que ce fût.

« Au moyen du système actuel, les habitans amasseront, avec le temps, des capitaux qu'ils pourront mettre dans toute spéculation qui leur offrira quelque chance de succès ; pour le moment, ils sont plus disposés à s'en tenir à l'agriculture, en raison des pertes que plusieurs d'entre eux (particulièrement les soldats licenciés) ont essuyées, en cherchant à trafiquer avec les naturels de Porto-Logo et autres endroits sur les rivières.

« Le district de la montagne, dans son ensemble, est plus particulièrement propre à la culture du café. Dans un rayon de deux milles du lieu d'où je vous écris, on compte en petites plantations environ quatre mille pieds de café, dont deux mille donnent déjà de la graine.

« Malgré l'opinion qui règne parmi les marrons de la Jamaïque et les autres colons noirs y établis, que l'Angleterre était disposée à abandonner la colonie, un grand nombre d'individus sont venus me trouver pour me demander conseil relativement à quelques pièces de terre et maisons en vente, qu'ils étaient tentés d'acheter. Trois des nègres marrons les plus pécunieux de la colonie voulaient essayer la fabrication de l'indigo, s'ils avaient pu obtenir les instructions nécessaires, des ouvriers employés par M. Giles, dont l'indigo est excellent, sur la manière de le préparer. On le vendrait ici aux marchands à 5 *shillings* la livre, tant ils prisent celui dont M. Giles a produit des échantillons.

« Le nombre des enfans libres, nés dans la colonie (portion extrêmement intéressante de la population), qui vont tous les jours à l'école, s'est accru depuis peu d'une manière remarquable. On est frappé de la supériorité d'intelligence des enfans nés dans la colonie, quand on les compare à ceux qu'on a pris à bord des négriers ; c'est une circonstance dont il est fort difficile de rendre raison, mais qui ne peut échapper à l'observateur le plus superficiel, dès qu'il a mis le pied dans l'école. La plupart des parens de ces enfans viennent du même pays, et l'on ne peut expliquer cette différence que par l'avantage qu'ont eu les premiers de recevoir de bonne heure un peu de cette première instruction, tant morale que religieuse, si nécessaire pour prédisposer l'esprit et le cœur à profiter d'une éducation plus étendue. Cette première instruction a été peu de chose, sans doute, mais on en voit clairement les heureux résultats. Cette classe d'enfans croît tous les jours en nombre et en grandeur ; quelques-uns ont atteint leur dixième année, et, élevés convenablement, ils promettent de devenir d'utiles membres de la société ; car il ne faut pas se dissimuler que les enfans de la génération actuelle ne seront un jour que les manœuvres de la prochaine.

« Le révérend M. Davy, un des plus respectables serviteurs de la société des missions, homme aussi exempt de fanatisme que rempli de bienveillance et de charité, a adopté un plan d'instruction qui me paraît admirablement approprié à la nature du caractère africain. C'est avec une véritable satisfaction que j'ai visité son école et y ai passé tout le temps des leçons ; les progrès qu'ont faits sous lui les enfans libres, dans l'établissement auquel il est attaché (à Bathurst), et cela en moins de trois mois, sont réellement étonnans. Je fais tant de cas de son système et de son zèle infatigable pour tout ce qui peut être utile à la colonie, que j'ai mis sous sa direction les deux divisions les plus âgées des écoles de Régent et de Charlotte, qui ne sont qu'à un mille de distance ; et je serais charmé qu'on pût m'expédier ici, dans le plus bref délai, six des *appareils pour l'instruction des enfans, d'après le système de M. Wilderspin,* maintenant en usage dans les écoles d'enfans à Londres et dans les environs. Suivant moi, il serait impossible de rien trouver de mieux pour l'avancement moral et intellectuel de la génération qui s'élève, non-seulement ici, mais dans toutes les autres colonies de sa majesté. Mes observations m'ont convaincu qu'aussitôt que les enfans peuvent parler, ils ne sont jamais trop jeunes pour apprendre. Le vice n'attendra pas les années pour germer dans l'âme des enfans; pourquoi n'espèrerait-on pas que la vertu aussi pût s'y développer de bonne heure ?

« Ce mode d'éducation s'accommoderait si particulièrement aux goûts des enfans africains, en leur présentant, comme il fait, l'amusement et l'instruction ingénieusement combinés, qu'avec quelques bons instituteurs anglais, et même sans leurs secours, je ne doute pas qu'on ne parvînt, en l'adoptant, à diminuer considérablement ces exemples, malheureusement fréquens, de dépravation précoce qui ont depuis peu affligé la colonie. »

Voici ce que le colonel Denham mandait encore, sous la date du 31 décembre 1827 :

« Je me flatte qu'on ne doute pas plus de nos améliorations, que de la diminution notable de nos dépenses. La lettre ci-jointe de M. Campbell, intendant du district de l'ouest, vous donnera connaissance des accroissemens des produits pour cette année dans les îles Bananas. »

La dépêche la plus récente du colonel Denham porte la date du 14 mai 1828. Il arrivait d'une tournée qu'il avait faite à la Côte-d'Or et à Fernando-Pô, où il paraît qu'il prit le germe de la maladie qui le conduisit au tombeau, au milieu de la carrière d'utilité et de philantropie où il marchait avec un si louable dévoûment. Il écrivait ainsi :

« Mon intention est que les habitans de chaque village aient un lot de terre, à la ville et à la campagne, et que cette concession leur soit faite vers la fin du printemps prochain, d'après le plan suivi à York et aux Bananas. Cette opération a été exécutée, pendant mon absence, par M. Pyne et M. White, conformément aux instructions que j'ai laissées au premier avant mon départ.

« Bon nombre d'Africains libérés ont été jusqu'ici, et probablement resteront toujours simples manouvriers ; ils ne sont
pas pour cela les membres les moins utiles de la communauté,
mais leurs terres restent en friche ou mal cultivées, entourées de plantations productives et bien tenues, pendant qu'ils
résident à Freetown, ou travaillent sur la rivière dans les ateliers, et les magasins de bois de charpente. C'est un mal auquel il me sera difficile de porter remède, du moins d'ici à
quelque temps, attendu que ces hommes sont déjà devenus
propriétaires perpétuels de leurs terres. D'après notre manière actuelle de procéder, nous concédons des terres dans
les proportions suivantes : trois acres à tout homme non marié, quatre et demie à chaque homme marié, et une demi-acre
en sus pour chaque enfant au-dessus de deux ans. Ces concessions ne doivent être faites qu'aux habitans des différens
villages qui ont déjà construit des habitations sur leur lot de
ville sur lequel ils résident ; et une marque de distinction
décernée à ceux qui sont inscrits sur la liste des communians,
que fournit l'ecclésiastique résidant, c'est d'être tout de suite
mis en possession du terrain qui doit être désormais regardé
comme leur propriété. Vous voudrez bien observer que toutes
les douceurs que l'Africain libéré peut rassembler dans sa cabane (et il suffit de jeter un coup d'œil sur les planches qui la
garnissent pour se convaincre qu'il n'y est pas indifférent), il
se les procure par la vente des yams, de la cassave, des
cocos, des cannes à sucre et des autres articles qu'il tire de sa
ferme ; jusqu'ici, il n'a pas su ce que c'est que les engrais et
tout ce qui peut améliorer le sol ; il se borne à y retourner la
paille de sa récolte, ou à laisser reposer son champ pendant
quelque temps, lorsque sa récolte a manqué.

« Lors de ma première tournée sur les terrains concédés,
j'ai trouvé l'industrieux Africain, homme beaucoup moins rare
qu'on n'a cherché à vous le persuader, avec deux et quelquefois
trois pièces de terre, de deux à trois acres ; ces terres, voisines
du village dont il fait partie et qu'il avait défrichées, il les

mettait alternativement en culture. Je me suis bien gardé de décourager ces entreprises ; mais, en prenant la précaution de lui faire entendre qu'il ne pouvait tenir ces terres que par tolérance, je lui ai promis la concession temporaire de tout ce qu'il pourrait débarrasser des broussailles. Par ce moyen, un nombre d'acres considérable ont été déblayées dans le voisinage de Freetown, et d'autres dans les villages les plus rapprochés, et je ne doute pas que cette activité et ces travaux n'aient singulièrement contribué à améliorer en général la santé des habitans pendant l'année qui vient de finir. »

Après la mort du colonel Denham, ce fut d'abord M. Smart qui fut chargé de faire des rapports sur l'état des Africains, et après lui, le major Ricketts. Le 10 septembre 1828, M. Smart, en parlant des Africains nouvellement débarqués, dit « qu'on en a le plus grand soin, et qu'ils paraissent se livrer de bon cœur au travail » ; et le 12 octobre suivant, il ajoute : « Je suis sûr que si l'on exécutait strictement les mesures adoptées par feu le colonel Denham, on avancerait rapidement vers le grand but que s'est proposé le gouvernement ; et l'on ne fera rien, si l'on ne suit ses idées, en faisant sentir aux Africains libérés tous les bienfaits que ne peuvent manquer de leur procurer le travail et l'industrie, par le défrichement et la culture des terres. » Ces vues sont également celles du major Ricketts. Voici ce qu'il a écrit à M. Hay, sous la date du 27 mars 1829 :

« J'ai l'honneur de vous accuser réception de votre lettre du 15 novembre dernier, laquelle m'est parvenue pendant ma tournée d'inspection dans les villages les plus éloignés. Le but de cette tournée, qui devait durer plusieurs semaines, était d'encourager parmi les Africains la culture des produits propres à l'exportation, de leur donner quelques instructions à cet égard, et de leur faire sentir les avantages qu'ils en retireraient ; et j'ai l'espérance la mieux fondée, d'après les dispositions qu'ils ont déjà montrées, qu'une quantité considérable des produits de ce genre sera apportée cette année au marché par tous ceux qui ont pu se procurer des graines ou des plants.

« Les Africains libérés qui forment les différens villages paraissent heureux : Wellington et Waterloo font des progrès sensibles. Dans le premier de ces deux villages, au moyen d'une souscription ouverte parmi les habitans, on construit en pierre une assez grande église, et un marché, et l'on voit chaque jour sortir de terre de nouveaux édifices particuliers également en pierre. Un grand désavantage pour Waterloo et Hastings, c'est la destruction des ponts sur la route de Freetown ; les dernières pluies les ont emportés. Il est indispensable de réparer ce désastre, s'il est possible , d'une manière ou d'autre, avant la prochaine saison des pluies, pour la sûreté des passagers, qui sont pour la plupart des étrangers venus de l'intérieur du pays pour commercer avec la colonie. Le directeur de Hastings fait ce qu'il peut pour reconstruire ces ponts, en employant les ouvriers et autres individus de son village, qui fournissent *gratis* leurs bras et des matériaux ; mais ils ne peuvent cependant venir à bout de cette entreprise sans que le gouvernement les aide un peu pour tout ce qui exige du fer et des clous.

« Il n'y a pas long-temps que je suis de retour de York et des Bananas. A York, on vient de finir quelques maisons en pierre, d'autres sont en construction ; ce sont les soldats licenciés envoyés ici qui y sont employés. Je ne puis concevoir comment les Bananas, qui ont le meilleur terroir de cette partie de l'Afrique, ont pu être si long-temps négligées ; j'y ai envoyé cent cinquante Africains libérés, et mon intention est d'y en envoyer encore autant. »

Voici ce qu'il écrivait encore le 30 juillet 1829 :

« A mesure que les Africains libérés sont remis à l'administration par les cours de Commission mixte, les garçons et les filles au-dessous d'un certain âge sont mis en apprentissage, et les hommes envoyés dans les différens villages et placés des deux côtés de la route, chaque homme recevant une chaine et demie de terrain de front, et environ sept chaines en profondeur. On lui enseigne ce qu'il a à faire d'abord pour se bâtir une maison, puis pour défricher et préparer son terrain, de manière à pouvoir se suffire à lui-même, à l'expiration du temps où doivent cesser les secours que lui accorde le gouvernement. On enjoint aux Africains nouvellement débarqués de se concerter entre eux et de s'entr'aider, pendant le temps qu'ils sont à la charge du gouvernement, pour la construction de leurs habitations et le défrichement de leurs terres, et cette méthode a produit les plus heureux effets, en les mettant beaucoup plus tôt en état de pourvoir à leurs besoins. Ainsi, 2 *pence* par jour (autrefois on leur en allouait 3) pendant six mois, avec quelques vêtemens, les ustensiles de cuisine et les outils aratoires indispensables, et qui leur sont fournis au moment même où on les installe sur leurs lots, sont tout ce qui leur faut ; et, passé le terme fixé, ils ne demandent aucun autre secours pécuniaire au gouvernement.

« A mesure que les défrichemens s'opèrent, comme on vient de le dire, et que les cultures s'étendent, le pays, de chaque côté de la route, dans l'intervalle d'un village à l'autre, prend l'aspect le plus riant, et donne une idée des progrès que font les habitans dans les habitudes de travail et d'industrie.

« La difficulté que j'ai trouvée à augmenter la population actuelle des villages anciennement formés, à cause du peu de fertilité des terres environnantes, m'a décidé à faire choix de deux terrains non occupés près du cap de Sierra-Leone, et à environ trois milles de Freetown, où j'ai formé deux nouveaux villages capables de recevoir huit cents familles. Comme ils sont très-près de la capitale, et par conséquent à la portée d'une inspection presque journalière, la bonté de leur terroir, les moyens d'existence abondans qu'il fournira aux nouveaux colons, l'avantage qu'ils auront de pouvoir pêcher dans deux baies profondes, de chaque côté des pointes sur lesquelles ils sont établis, tout me porte à espérer que leurs progrès industriels seront rapides. Quoique ces villages soient d'hier, *quoique les individus qui en composent la population n'aient été arrachés que depuis quelques mois aux fers des négriers,* un grand nombre d'entre eux ont déjà des chèvres, des porcs et de la volaille, et le dimanche, ils se montrent très-proprement habillés.

« Dans les villages où l'on a établi les soldats licenciés des régimens des Indes occidentales et de Royal-Africain, les habitans en général tirent un avantage marqué de la continuelle circulation du numéraire qu'y occasione le paiement des pensions sur les lieux ; plusieurs ont formé des boutiques pour la vente en détail de diverses marchandises ; d'autres, par une sage prévoyance, ont construit des habitations propres et commodes en pierre et en bois. C'est surtout à Wellington, à York, à Hasting et à Waterloo, que ces progrès et cet esprit d'amélioration se sont fait sentir.

« Plusieurs des Africains libérés qui ont obtenu des lots de terre à Freetown ont construit, ou sont en train de construire de très-bonnes maisons. Ce sont principalement des artisans et des colporteurs. Il y en a, ainsi que des soldats licenciés, qui s'adonnent à fabriquer la chaux, à scier des planches, à couper des bardeaux et des lattes ; ils transportent ces articles, à une distance de plusieurs milles de l'endroit où ils les ont travaillés, dans leurs villages ; et de là, on les mène à Freetown, soit par terre, soit par eau, dans des canots équipés et loués pour ce service par les Africains libérés qui habitent les villages situés sur les bords de la rivière, ou sur la côte. En paiement de ces articles, ils reçoivent ordinairement des espèces qu'ils ne laissent pas dormir ; ils en achètent des bestiaux que leur vendent ceux des naturels qui trafiquent avec la côte ; ils les emmènent dans les villages de l'intérieur, où les pâturages sont excellens ; là on les engraisse, puis on les envoie au marché ; et ce commerce leur rapporte près de 100 o/o. On élève aussi dans les villages des cochons et de la volaille, et c'est de là que Freetown tire, en abondance cette sorte de d'aliment, ainsi que des œufs ; des légumes, tels que ochrocs, yavas, épinards, têtes de cocos, yams, cassave, cocos, maïs, pommes de pins, noix de terre, cannes, bois à brûler, sel, herbe, etc. On peut donner une idée de la valeur de ces articles par un seul fait : c'est qu'un ouvrier peut aller au marché et acheter, pour 1 penny ou 1 penny 1/2, autant de vivres qu'il lui en faut pour deux repas. On sait que quelques-uns des individus qui approvisionnent le marché viennent de Waterloo et de Hastings, c'est-à-dire, les premiers de vingt-deux milles, et les autres de seize milles de Freetown, apportant leurs denrées, sur leur tête, dans des paniers : ce genre d'industrie annonce clairement chez les Africains libérés le désir de travailler volontairement, pour pouvoir arriver, par des moyens honnêtes, aux mêmes jouissances et à la même aisance que leurs frères plus riches qu'eux.

« Ce sont des Africains libérés qui sont chargés de la police des villages ; huit ou dix constables spéciaux sont attachés à chaque établissement ; deux seulement sont salariés. Les directeurs et les membres de l'église de la société des missions remplissent les fonctions de magistrats, de commissaires du tribunal pour le recouvrement des petites créances, et de coroners ; et l'on réserve un jour par semaine pour entendre les petites causes ; celles qui ont quelque importance sont instruites du moment même où elles sont déférées aux officiers chargés d'en connaître.

« *Les Africains libérés ont donné des preuves évidentes de leur affection pour le régime sous lequel ils vivent, par l'obéissance implicite avec laquelle ils s'y soumettent;* et toutes les fois qu'on a jugé nécessaire d'adopter des règlemens locaux qui les regardaient en particulier, *ils s'y sont conformés avec empressement.* Un acte relatif à l'entretien des routes et des ponts impose à tout adulte mâle de la colonie une corvée de six jours de travail gratuit; et vers la fin du mois de novembre, époque à laquelle on rend exécutoires les dispositions de cet acte, on voit se présenter les Africainslibérés, qui proba-

blement abandonnent alors leurs travaux journaliers, au ris-
que de mécontenter ceux qui les emploient, pour fournir le
travail auquel ils sont tenus.

« Les nombreuses factoreries établies par des marchands
sur la rivière de Sierra-Leone et ses affluens, pour l'achat du
bois de teak, que coupent les naturels, sont desservies en partie par des Africains libérés, attachés comme apprentis à ces
marchands ; et on les trouve si utiles pour la coupe et le flot-
tage de ces bois, pour le sciage et le débit des planches, que
plusieurs reçoivent de 4 à 5 dollars par mois, outre la nourriture et le vêtement. A l'expiration de leur apprentissage,
qui est de trois ans, on les remet entre les mains de l'administration, qui les établit, sans aucune dépense pourle gouvernement, dans les différens villages ; mais un assez grand nombre aiment mieux rester sur les factoreries, et travailler à gages.

« *Dans les villages un peu forts, où les Africains libérés ont l'avantage de posséder un ecclésiastique résidant,
la bienfaisante influence de la religion s'est manifestée
d'une manière frappante, et, grâce aux efforts et à l'assiduité des missionnaires, nombre de ces êtres infortunés, en-
sevelis, au moment où on les a débarqués dans la colonie,
dans la barbarie et dans la plus profonde ignorance, ont été
convertis au christianisme, et trouvent aujourd'hui, dans la situation qu'on leur a procurée, une vie heureuse et tranquille.* »

« Les écoles pour les enfans nés dans la colonie offrent
tous les symptômes d'une amélioration progressive, et l'on voit
chez les parens l'empressement le plus louable à profiter des
facilités qu'on leur donne pour l'instruction de leurs enfans.

« On fournit à tous les Africains nouvellement importés,
c'est-à-dire, aux hommes au-dessus de quatorze ans, les articles dont la liste suit, au moment même où ils sont établis sur
leur lot de terre ; ces articles sont tirés des magasins du gouvernement. »

Après une énumération des objets qui composent cette

fourniture, dont le prix se monte à une trentaine de *shillings* environ, le major ajoute :

« Cette somme et les 2 *pence* par jour accordés pendant six mois, ou cent quatre-vingts jours, forment jusqu'à présent les deux seuls articles de la dépense du gouvernement de sa majesté, pour chaque adulte mâle; en tout, 2 *liv.* 19 *shill.* 10 *pence* sterl. Depuis que j'ai pris les rênes de l'administration, je ne me suis pas trouvé dans la nécessité d'étendre ce secours de 2 *pence* au-delà de la durée ci-dessus, si ce n'est dans un petit nombre de cas, pour des individus qui, en raison de leur âge ou d'infirmités, étaient incapables de se soutenir eux-mêmes. »

Le nombre des malades de tous les villages qui recevaient 2 d. par jour, à la date de cette dernière dépêche (30 juin 1829), n'allait pas au-delà de cinquante-trois, la plupart attaqués d'ophthalmies contractées à bord des bâtimens négriers sur lesquels ils avaient été pris. Il y avait dans les différens hôpitaux soixante-treize malades recevant 3 d. par jour. Environ huit cents adultes, récemment débarqués, recevaient 2 d. par jour, et devaient les toucher, les hommes pendant six mois, les femmes pendant trois mois; il y avait dans les écoles cinq cents enfans, coûtant chacun 1 d. 1/2 par jour.

Mais s'il n'y a rien d'exagéré dans tout ce qu'on vient de dire sur la bonne volonté et l'industrie des Africains libérés de Sierra-Leone, on pourrait demander d'où viennent donc les préventions existantes sur leur inaptitude au travail volontaire, et sur la nécessité d'introduire parmi eux l'usage de moyens coërcitifs pour les amener à des habitudes laborieuses. C'est une question à laquelle il ne sera pas difficile de répondre d'une manière satisfaisante. Ces préventions partent de deux sources, d'abord des rapports mensongers des ennemis de l'établissement, ensuite d'un rapport peu véridique et peu sincère, sur ce point en particulier, des commissaires nommés en 1825 pour examiner l'état des captifs libérés de Sierra-

Leone. Dans ce dernier rapport, imprimé pour la chambre des communes, le 7 mai 1827, sous le n° 312, les commissaires énoncent une opinion favorable « à un système de travail *forcé*, doux et convenablement réglé », qui, suivant eux, serait le mode le plus efficace « pour faire naître dans les Africains libérés l'habitude et le goût décidé des travaux agricoles » (pag. 55) ; et ils ajoutent (pag. 56) que, « sous un semblable système, il est à craindre qu'on ne parvienne jamais à décider les Africains libérés adultes, ou du moins un nombre qui en vaille la peine, à améliorer leur condition par la culture du sol, au-delà de ce que demandent leurs idées de bien - être qu'ils s'en forment aujourd'hui, *idées qui ne comprennent guère autre chose qu'une nourritureabon-dante et ce qui leur suffit pour se garantir des rigueurs du temps.* Et lors même que les habitudes et les goûts de cette classe d'hommes se modifieraient au point de les exciter à de plus grands efforts, et à des entreprises agricoles plus étendues, il ne faudrait pas oublier que ce développement exigerait des capitaux, et qu'ils n'ont aucun moyen d'en amasser. »

Il est presque inutile de signaler le peu de bonne foi qui a présidé à cet exposé. Suivant les commissaires, la contrainte est indispensable avec les Africains libérés ; et cependant ils veulent bien convenir que ces Africains, sans qu'on ait eu besoin d'y avoir recours, sont déjà parvenus à réaliser leurs idées de bien-être, en se procurant des vivres abondans et ce qui est nécessaire pour les abriter contre les rigueurs du temps, ce qui signifie apparemment une bonne et commode habitation et des vêtemens suffisans. Or, nous le demandons, si l'on pouvait affirmer avec vérité des paysans de l'Angleterre, que par le résultat de leur travail ils ont habituellement une nourriture abondante et de quoi s'abriter contre les rigueurs du temps, que dirait-on de l'homme d'état qui viendrait proposer comme mesure d'humanité, de justice, de bonne et sage politique, de soumettre ces paysans à un système coërcitif, à l'effet « de les initier à des besoins artificiels,

et de les pousser à ce degré d'industrie agricole propre à leur
fournir les moyens de satisfaire à ces besoins en cultivant des
articles propres à l'exportation ? Comment accueillerait-on
une semblable proposition ? Comment n'en serait-on pas ré-
volté, comme d'une idée qui répugne à tout principe de législation, de justice, et de saine politique ? ou plutôt, qui ne
la repousserait comme un despotisme mal déguisé, qui pré-
tend usurper les droits de la raison individuelle, s'immiscer
dans la conduite et les actions des particuliers, et enfin comme
n'étant guère qu'une modification insignifiante du système
d'esclavage qu'il s'agit d'abolir ? Quoi ! tous les membres
d'une société quelconque *ont une subsistance assurée, même
abondante, ils sont bien vêtus, ils ont tout ce qu'il faut pour
se garantir des inconvéniens et des rigueurs du climat*, et
on ne leur permettra pas de *se contenter de ces avantages* ?
En Europe, que dis-je ? en Angleterre même, si telle était la
condition de nos paysans, ne serions-nous pas autorisés à la
regarder comme véritablement digne d'envie ? Mais non, il
n'en est pas de même apparemment pour Sierra-Leone.
Mais les hommes qui peuplent l'Europe et l'Angleterre
ont la peau blanche, et ceux de Sierra-Leone ont le malheur
d'être noirs. On ne saurait appliquer à ces derniers la même
règle de prospérité et du bien-être qu'aux classes ouvrières
de l'Europe, dont l'état satisfait pleinement l'économiste politique, du moment qu'ils viennent à bout de trouver dans leur
travail de quoi se nourrir et se couvrir ! Non ; il faut *pousser*
les nègres comme des bêtes de somme, pour qu'ils en fassent
davantage; il faut les *violenter*, d'abord pour qu'ils connaissent d'autres besoins, puis pour qu'ils trouvent moyen de satisfaire ces besoins artificiels qu'on leur aura créés de force, le
tout afin qu'ils fassent une plus grande consommation des
produits de nos fabriques. Ils sont heureux, il est vrai ; ils
sont contens de leur sort actuel, ils ont tout ce qu'il faut pour
satisfaire, sans qu'on les contraigne en rien, tous les besoins
de la nature. Oui, mais pour les adeptes de la nouvelle *phi-*

losophie du travail, cela ne suffit pas : il faut leur enseigner *par force* tout ce qu'il y a de douceur à creuser des trous pour les cannes, à fabriquer du sucre, à éplucher le café, pour parvenir enfin à ce véritable point de félicité qui ne s'acquiert que par le travail forcé, et qui n'est connu que des esclaves de nos plantations, sur les flancs desquels le fouet du commandeur imprime de sanglans sillons.

Ce serait perdre le temps que de s'appesantir sur la profonde absurdité, sur la déraison et sur la partialité grossière de pareilles idées, telles que nous les présente ce rapport. Elles sont d'autant plus blâmables, que les commissaires conviennent qu'on n'a pas encore essayé franchement sur les Africains libérés de Sierra-Leone l'effet des moyens qu'on emploie ordinairement pour exciter les hommes à des efforts volontaires. Un seul fait, mentionné par eux, pag. 71, suffit pour expliquer comment l'industrie agricole ne s'est pas manifestée, ou développée, d'une manière plus marquée parmi ces Africains, et en fait retomber tout le blâme sur le gouvernement. Jusqu'en 1825, il n'avait été fait en tout aux Africains libérés que six concessions de terres à défricher. On leur avait permis, il est vrai, de cultiver tout terrain non occupé, mais, excepté les lots concédés à ces six individus, on n'avait pas donné, jusqu'en 1825, à un seul Africain une seule acre de terre en toute propriété. « Il n'y a pas d'exemple », dit-on encore, pag. 28, « qu'on leur ait donné des terres à ferme. » Quel motif pouvait donc encourager ces pauvres gens à donner leur temps à des défrichemens pénibles, au-delà de ce qu'exigeait le besoin du moment, sous un système d'administration si misérable, si imprévoyant, qui ne savait les attacher au sol, ni par l'attrait de la propriété, ni par la sécurité d'une location régulière, ni enfin par un autre intérêt que celui d'une occupation précaire et momentanée ?

Mais ce n'était pas tout. Non-seulement on ne leur avait point alloué de terre avant 1827, mais même, si nous devons nous en rapporter à ce qu'en dit le général Turner, il n'existait pour eux aucun motif capable d'éveiller leur industrie et leurs efforts, et cela par suite de l'imprévoyance et de la libéralité mal entendue du gouvernement. Le général nous dit que le plus ordinairement ils avaient été entretenus *gratuitement*, et que pendant plusieurs années, le gouvernement les avait soutenus *dans l'oisiveté*. Mais qu'on suppose pour un instant qu'on en agisse de même avec les paysans de l'Angleterre, quel résultat croit-on qu'aurait en général une complaisance de cette espèce ? Ne serait-ce pas l'anéantissement de toute activité ? Est-il donc raisonnable d'espérer qu'elle puisse produire un autre effet sur des Africains qu'on vient d'arracher aux fers d'un marchand de chair humaine, et pour qui le genre de vie dans lequel ils se sont trouvés transportés tout-à-coup doit être un vrai paradis, comparé aux tortures du charnier d'où ils ont été tirés ?

Voyons le compte que deux médecins rendent aux commissaires de leur état en arrivant à Sierra-Leone. L'un dit :

« Les principales maladies contagieuses que les esclaves apportent avec eux sont la petite-vérole et le craw-craw, espèce de gale invétérée ; et il n'y a pas long-temps qu'un bâtiment arriva ici avec des esclaves attaqués d'une ophthalmie trèsmaligne, et ayant tous les symptômes d'un caractère contagieux ; ce serait donc un grand bienfait pour la colonie que l'établissement d'un lazaret destiné à recevoir cette classe de malades.

« Dans quelques-uns des bâtimens négriers que j'ai visités, les malheureux esclaves étaient tellement entassés, qu'ils n'avaient pas de place pour se coucher ; ils n'avaient ni lits ni couvertures d'aucune espèce ; le peu de hauteur des entreponts permettait à peine à un homme d'une moyenne taille de se tenir debout ; il paraissait, en examinant le registre du bâtiment, qu'on les avait embarqués dans la proportion de quatre ou cinq (adultes et enfans) par tonneau ; leur exposition à toutes les variations de l'atmosphère, leur entassement, leur chétive nourriture, la mauvaise eau qu'ils boivent, et l'air vicié qu'ils respirent, donnent lieu à l'invasion rapide de différentes maladies, particulièrement aux douleurs d'entrailles et à l'étisie. »

Voyons le rapport de l'autre médecin :

« Pendant les années 1822 et 1823, dit-il, avant la nomination d'un officier chargé des fonctions que je remplis, je visitai la plupart des bâtimens négriers au moment de leur arrivée, et je trouvai en général les esclaves dans l'état le plus déplorable; ils étaient les uns sur les autres, et, par l'effet inévitable des circonstances, il n'y avait à bord qu'une très-faible provision de vivres et d'eau, surtout pour une traversée qui demande en général plus de six semaines. Il pouvait y avoir, terme moyen, un malade sur six individus; mais tous étaient d'une maigreur affreuse et hors d'état d'être mis tout de suite au travail; les maladies régnantes étaient des douleurs d'entrailles et des affections de poitrine; chez les enfans, c'était une débilité incurable accompagnée d'une anasarque générale. La petite-vérole s'est aussi montrée de temps à autre pendant le voyage ; le tableau d'un bâtiment négrier, dans cette situation, est trop horrible pour que j'essaie d'en donner une description. Toutefois, l'équité veut que je rende témoignage à la bonté avec laquelle ces infortunés n'ont pas cessé un instant d'être traités par les officiers de marine chargés de les amener ici. Ils leur ont prodigué sans relâche, dans les circonstances les plus affreuses, tous les secours que leur permettaient leurs faibles moyens. » (Pièces de 1830, n° 57, p. 87 et 67.)

A ce témoignage, les commissaires ajoutent avec un attendrissement bien naturel : « On ne peut voir sans en être touché la joie que manifestent de temps à autre les Africains, quand il leur arrive de rencontrer un des officiers qui les ont amenés dans la colonie. » (Rapport, p. 22.)

Voilà donc de quels tristes élémens se compose la colonie de Sierra-Leone; et la description qu'on en a faite, quelque horrible qu'elle soit, ne donne qu'une idée imparfaite de la moitié des désavantages contre lesquels ont à lutter ces malheureux. Ils arrivent non-seulement épuisés, malades et étiques, mais découragés, plongés dans un abattement extrême, nus, sans un haillon pour se couvrir, ne sachant pas un mot d'anglais, n'ayant ni la force ni la volonté de se mouvoir pour améliorer leur position. Et cependant, que nous dit-on de ces infortunées créatures, dans le rapport qui fait partie des documens officiels d'où nous avons tiré de si longs extraits? Il faudrait le langage le plus énergique pour peindre le changement qui s'est opéré en eux. C'est une véritable résurrection des morts; c'est un passage des chaînes et des ténèbres à la lumière et à la liberté; de la plus profonde misère, misère que ne peuvent se figurer ceux dont les yeux n'en ont pas été témoins, à un état d'aisance, de bien-être, de douceur, et de félicité, du moins en comparaison; enfin, de la barbarie et de la dégradation la plus complète à la civilisation et aux bienfaits du christianisme. Et cette heureuse métamorphose, ce ne sont pas seulement le colonel Denham et le major Ricketts qui nous l'attestent d'une manière si positive; les commissaires eux-mêmes ne peuvent s'empêcher de témoigner, comme malgré eux, en faveur de ces résultats généraux, et cela, malgré tout ce qu'avait de destructeur et de défectueux le système qui avait d'abord régi les Africains libérés, et quoique, par suite même de ce système, les commissaires ne les aient vus que dans les circonstances les plus défavorables.

Mais quelque grands que soient déjà les effets de ce changement, quelques consolations, quelques espérances qu'il donne pour l'avenir, ces messieurs n'en sont pas encore contens. Ne semble-t-il pas qu'ils aient attendu, qu'ils aient exigé de ces pauvres créatures des choses absolument impossibles? Ne semble-t-il pas qu'ils leur aient demandé tous les fruits de l'industrie, tout ce que peuvent produire et l'intelligence et la puissance des capitaux, à ces hommes qui n'ont apporté avec eux dans la colonie que des membres énervés et chancelans, que des corps décharnés et nus, que des âmes avilies et abattues? Et parce qu'ils n'ont pas trouvé tout cela, ils osent prononcer cette cruelle sentence, ils osent dire que ce qu'ils appellent une *douce contrainte* est indispensable (p. 55). Et, en quelque sorte sans reprendre haleine , dans la même phrase par laquelle ils énoncent cette proposition monstrueuse, et condamnent ces captifs arrachés aux chaines au régime expérimental recommandé par la théorie inhumaine des fondateurs de la nouvelle école de la *philosophie du travail*, ils nous disent avec le plus grand sang-froid du monde qu'un stimulant plus naturel et plus rationnel, celui d'un juste salaire, n'a pas encore été essayé pour exciter leur industrie. Les commissaires ont même dit que « peut-être la nécessité de la contrainte pourrait être évitée jusqu'à un certain point, en donnant aux nègres un salaire journalier, ne fût-ce que la plus modique somme! » Et c'est ainsi que l'on sacrifie le bonheur de millions de nos semblables à des abstractions barbares! Et c'est à des hommes de cette espèce que l'on confie de pareilles commissions! Mais bornons ici cette digression , et revenons au rapport de MM. les commissaires.

Ils conviennent qu'il y a beaucoup de bonnes terres dans les vallées de la presqu'île , quoiqu'on ait maladroitement choisi les parties montagneuses, stériles en comparaison, pour y placer les villages des Africains libérés, occasionant ainsi à ces pauvres gens un surcroît de peines et de difficultés fort inutiles. (P. 6, etc.)

Ils conviennent encore que le port de Sierra-Leone est extrêmement sûr et commode; « qu'il procure à Freetown les plus grandes facilités pour le commerce, facilités qui ne se rencontrent que sur un très-petit nombre de points de la côte, et vraisemblablement nulle part au même degré » (p. 7), et que « Freetown, ainsi que le reste de la presqu'île , jouit d'un privilége qui n'a été donné à aucun des autres établissemens, c'est-à-dire , d'une abondance d'eau excellente et qui ne marque jamais » (p. 105), sans parler « d'autres avantages encore qui lui donnent une supériorité marquée (p. 108). »

Ils conviennent aussi d'une amélioration sensible dans les diverses classes de la population noire.

« L'apparence générale, observent-ils, des colons de Nova-Scotia ne diffère que très-peu de celle des gens de couleur libres des Indes occidentales. Le dimanche, on les voit décemment et proprement vêtus, et il n'y a rien à redire à la conduite du plus grand nombre. Cette remarque s'applique également à toutes les autres classes de couleur qui composent la population fixe de Freetown, où l'on montre un grand respect extérieur pour le jour du dimanche. » (*Ib.*, p. 13).

Et plus loin :

« D'après leurs habitudes antérieures et leur ancienne manière de vivre, on ne devait pas s'attendre à ce que les marrons (nègres exilés de la Jamaïque, et amenés à Sierra-Leone en 1800) apportassent dans la colonie la moindre connaissance des arts de la civilisation, et le moindre goût pour des occupations qui demandent de l'industrie et de l'application. Il paraît qu'ils avaient toujours été étrangers à toute religion, et la polygamie dominait parmi eux (1). Avec de tels précédens, il ne faut pas s'étonner que leur introduction ait donné lieu à la méfiance et à la crainte ; mais bientôt ces préventions à leur égard se dissipèrent ; ils étaient arrivés dans un moment où leurs services pouvaient être très-utiles pour repousser une attaque ennemie, et il paraît qu'ils se conduisirent dans cette occasion de la manière la plus louable ; depuis, ils ont aussi

____

(1) « Telle est encore la pratique de leurs camarades marrons qui sont restés à la Jamaïque. On ne saurait donner une preuve plus forte de l'amélioration de ceux de Sierra-Leone que de comparer leur état présent avec la vie que mènent ceux qu'ils ont laissés à la Jamaïque. Ces derniers ne sont pas même admis à témoigner en justice contre d'autres personnes de condition libre. » (*Cette note était écrite en 1830. Les choses se sont heureusement changées depuis.*)

généralement soutenu la bonne opinion qu'ils avaient alors donnée d'eux.

« Dans beaucoup de cas, les lois sous le régime desquelles ils se trouvaient, durent leur paraître incommodes et fâcheuses. Il paraît, néanmoins, qu'ils se soumirent tranquillement à celle qui abolissait la polygamie; mais beaucoup d'entre eux opposèrent une résistance déterminée aux lois relatives à la milice coloniale, ce qui fut cause qu'on en éloigna momentanément quelques-uns de leurs habitations. Il est vrai qu'on a à peu près échoué dans les tentatives qu'on a faites pour leur donner le goût des occupations agricoles; mais dans celles qu'ils ont préférées, ils ont montré une aptitude qui leur assigne, comme artisans, le premier rang dans la colonie; et, en fait d'industrie, ils égalent, s'ils ne surpassent pas, les autres classes de la population. » (Rapport, p. 14.)

« Mais, quoiqu'ils n'aient encore fait que peu de progrès en agriculture, on peut espérer qu'avec le temps leur exemple produira d'heureux effets. Plusieurs marrons ont eu des succès dans le commerce, et s'y sont fait une existence aisée ; il en est même qui, engagés dans des opérations plus étendues, passent pour s'y être acquis une fortune considérable, en même temps qu'ils ont conservé intacte leur réputation de probité.

« On a déjà dit que les marrons, à leur arrivée dans la colonie, étaient sans religion. Aujourd'hui, il n'y en a pas qui n'appartiennent à une secte quelconque; la plupart sont méthodistes wesléyens.

« Le caractère et la situation de ces hommes donnent lieu de croire que, par la suite, leur influence sera très-puissante dans cette partie de l'Afrique; et, quoiqu'on ne puisse s'empêcher d'être surpris qu'il n'y en ait qu'un si petit nombre, si tant est même qu'il y en ait quelques-uns, qu'on n'ait pa décider à s'affilier à l'église établie de la nation à laquelle ils sont redevables et de leur bien-être présent, et des avantages que leur promet l'avenir, il serait injuste de refuser aux res-

pectables ministres des différentes sectes, dont les succès attestent le zèle et l'activité, le tribut d'éloges auquel ils ont
droit pour leurs utiles travaux.

« Les marrons ont, en général, l'air décent ; ils sont proprement vêtus, surtout le dimanche, jour où il est presque de
rigueur de se mettre avec un peu plus de soin, et leur manière
d'être à la chapelle, et même partout où l'on a eu occasion de
les observer ce jour-là, ne peut que donner d'eux une opinion
avantageuse.

« On verra par la pièce ci-jointe, que sur six cent trente-six
marrons, il y a trois cent soixante-huit jeunes gens des deux
sexes. Il y en a beaucoup qui montrent à l'école la plus grande
aptitude d'apprendre, et promettent de devenir un jour d'utiles
auxiliaires pour l'avancement de la civilisation, si, en cultivant par une instruction plus étendue les talens dont la nature
paraît les avoir doués, on les rend par degrés propres à remplir les diverses places de confiance auxquelles ils pourraient
être appelés pour le service de la colonie. » (Rapport, p. 15.)

« Le dernier renfort reçu par la colonie » (indépendamment des Africains libérés) « consistait en quatre-vingt-cinq
esclaves, bannis de la Barbade par suite d'une insurrection.
Pendant deux ou trois ans, on les a employés à des travaux
publics.

« A l'expiration de ce temps, il leur a été permis de travailler pour leur propre compte ; et ils ont prouvé par leur
conduite qu'en cela on avait usé d'une indulgence bien rai-
sonnée ; car, depuis qu'on les a affranchis de toutes restrictions
pénales, ils se sont montrés, en général, industrieux et
utiles.

« Il paraît qu'après avoir été libérés des travaux publics,
presque tous se sont établis à Frectown ou aux environs. Plusieurs d'entre eux, étant artisans, n'ont pas eu de peine à
trouver de l'occupation, et ceux qui connaissaient l'agriculture des tropiques ont été recherchés par des marchands et
autres individus qui ont, dans le voisinage, de petites fermes

ou des jardins pour leur amusement. Dans plusieurs de ces fermes, les nègres de la Barbade sont chargés de l'instruction de quelques Africains libérés, et, tout en travaillant pour leur profit, rendent à la colonie un service réel (1). » (*Ib.*, p. 15.)

« La colonie s'est encore accrue dernièrement d'un millier de soldats noirs du régiment d'Afrique, qui ont été licenciés et installés avec leurs familles, les uns à Freetown, les autres sur les fermes.

« Un assez grand nombre paraissent industrieux. En général ils ont su se rendre estimables ; et par leurs efforts, avec l'aide de quelques habitans généreux, et sous la direction zélée du révérend M. Raban, ils sont parvenus à ériger une chapelle dans le quartier de la ville qu'ils habitent. Deux fois par semaine, ce respectable pasteur officie devant une réunion qui est presque toujours de cent personnes au moins ; tout le monde s'y conduit d'une manière édifiante. »

Maintenant, que trouve-t-on dans le rapport des commissaires, relativement aux Africains libérés ? Le voici :

« Un grand nombre d'Africains libérés demeurent à Freetown, où ils sont mêlés parmi les autres habitans ; et il serait impossible de déterminer les différences de condition qui peuvent les distinguer comme classe à part.

« Il paraît que quelques-uns d'entre eux s'adonnent à un petit négoce pour leur propre compte, ou travaillent dans les boutiques des classes plus aisées ; mais la grande majorité se compose d'artisans, de cultivateurs et de domestiques.

---

(1) Voilà les hommes que les autorités de la Barbade avaient fait traquer comme des bêtes sauvages, et massacrer par centaines jusqu'à ce que l'intervention de sir James Leith arrêtât ces atrocités : cent trente environ furent déportés avec des circonstances dont la cruauté fait frémir, et qui causèrent la mort d'un tiers de ces malheureux. Ce ne fut qu'en 1829, après deux années d'emprisonnement à bord des bâtimens, que ceux qui survécurent furent débarqués à Sierra-Leone.

« Les artisans sont principalement ceux à qui le département du génie à Freetown, ou le département des Africains, avait fait faire leur apprentissage. Les premiers, en général, ont long-temps demeuré à Freetown, et plusieurs d'entre eux ont amélioré leur état au point d'être aujourd'hui propriétaires de maisons supérieures de beaucoup à celles qu'occupent communément les habitans des villages : quelques-unes même sont en pierre, et il en est telle dont la construction et l'apparence sont fort au-dessus des moyens du propriétaire. Mais leur profession d'artisans leur donnait à cet égard des facilités, et ce qu'ils gagnaient comme tels autrefois excédait de beaucoup le peu que leur coûtent leur vêtement et leur nourriture. » (*Ib.*, pag. 32.)

« Indépendamment de Freetown, et y compris les îles de Los et de Bananas, le nombre des établissemens formés en différens temps est de quatorze. » (*Ib.*, pag. 33.)

Les commissaires passent ensuite à la description des différens villages, et ils la font en termes mêlés de critique et d'éloge ; mais comme des rapports ont été envoyés depuis le leur, il serait trop tard aujourd'hui de le discuter. A propos des écoles, après d'assez longs détails tendant à faire voir l'inégalité très-grande des progrès des élèves, l'incapacité de plusieurs instituteurs, et les difficultés immenses qu'il faut surmonter pour faire entrer quelque instruction dans la tête de ces sauvages ignorans, les commissaires poursuivent ainsi :

« De toutes ces difficultés les plus sérieuses sont l'incertitude où l'on est sur le nombre d'enfans à l'instruction desquels il faudra pourvoir dans un temps donné, le misérable état d'un grand nombre de ces enfans quand on les reçoit, leur entière ignorance de la langue dans laquelle on doit leur parler, et pendant long-temps l'absence de tout stimulant, et le peu d'effet que produisent sur leur esprit des motifs auxquels ils ne comprennent rien. Si à ces obstacles on ajoute le nombre extrêmement restreint des instituteurs européens dont on

peut disposer, leurs fréquentes maladies, leur changement, et
l'incapacité des sous-maîtres pris parmi les naturels, on s'ex-
pliquera facilement le peu de progrès qu'on a faits jusqu'ici
dans les écoles des Africains libérés.

« On en compte trois qu'on a trouvées supérieures à toutes
les autres; mais dans celles-là, les instituteurs, outre le zèle
et la capacité dont ils faisaient preuve, jouissaient, comparativement du moins, d'une bonne santé, et l'on avait pu, par
conséquent, les maintenir en fonction plusieurs années de suite.

« L'accroissement considérable de Freetown et l'état de
ses habitans paraissent exiger l'établissement d'un séminaire,
où un certain nombre de jeunes gens pourraient recevoir une
éducation plus libérale que celle à laquelle le gros de la population est appelé. Déjà quelques-uns des plus aisés parmi
les gens de couleur ont envoyé leurs enfans en Europe pour
leur instruction (1); d'où l'on peut en conclure qu'ils contri-
bueraient volontiers aux frais d'une école qui leur épargne-
rait une mesure si dispendieuse, et qu'ils seraient imités par
beaucoup d'autres dont les moyens ne peuvent atteindre à
l'éducation de l'Europe. (Rapport, pag. 70.)

« Le jugement par jury est une des lois qui paraissent
avoir été le mieux appréciées dans la colonie; on reconnaît
que la pratique en a été très-avantageuse. « Pendant notre
résidence à Freetown, disent les commissaires, nous n'avons
pas vu exercer le droit de récusation contre un seul juré,
quoique nous n'ayons pas manqué à une seule des séances ju-
diciaires qui ont eu lieu. »

---

(1) Ici et dans d'autres passages, les commissaires se servent du mot
d'*hommes de couleur*, mais ils manquent d'exactitude en rangeant sous
cette dénomination les noirs qui composent la grande masse de la population, et qui, de fait, sont ceux qui envoient le plus ordinairement leurs enfans en Europe, pour leur éducation, et qui siégent dans les jurys. A un petit nombre d'exceptions près, les hommes de Nova-Scotia, les marrons de la
Jamaïque, les Barbadiens, les soldats licenciés, et les Africains libérés sont
des noirs.

« Les gens de couleur que nous avons eu occasion d'observer dans leurs fonctions de jurés peuvent être regardés comme les plus respectables de leur classe. Ils y apportaient une attention scrupuleuse, qui annonçait en eux le désir sincère de bien approfondir l'affaire qui leur était soumise, et, autant que nous avons pu en juger par leurs verdicts, ils avaient toute l'intelligence nécessaire pour assurer la bonne administration de la justice, quoiqu'un avocat subtil eût pu, nous ne prétendons pas le nier, les embarrasser par des arguties techniques contre lesquelles il ne leur a pas encore été possible de se prémunir. Nous convenons aussi que nous n'avons pu en voir un très-grand nombre dans cette situation, attendu qu'il n'y avait que deux jurys par session. Ils siégeaient alternativement, et, généralement parlant, c'étaient les mêmes individus qui étaient appelés pour les affaires qui exigeaient un jury, au tribunal du recorder. On les prend principalement parmi les plus anciens colons (marrons ou gens de Nova-Scotia), et même parfois parmi les Africains libérés. » (*Ib.*, pag. 92.)

« Nous tenons du principal juge que le coroner de Freetown a été nommé, tantôt par le gouverneur, tantôt par les propriétaires. C'est aujourd'hui un marron qui occupe cette place.

« Les deux individus qui remplissent les fonctions de solliciteur et d'avocat-général n'ont pas étudié le droit. L'un, qui agit aussi comme avocat du roi et greffier de la cour d'amirauté, est Européen ; l'autre, homme de couleur, est né et a été élevé en Angleterre, et s'occupe d'opérations de commerce.

« Des sept juges de paix de la colonie, l'un est un officier, et les six autres occupent des emplois civils dépendant du gouvernement.

« Le maire et les aldermen de Freetown sont nommés par le gouverneur et le conseil. Le maire actuel est un des plus anciens colons de la Nova-Scotia ; le doyen des aldermen, un des premiers marrons qui sont venus s'établir ici ; le second est un

homme de couleur né aux Indes occidentales ; et le troisième,
un jeune Européen commis dans une maison de commerce.

« Quant aux commissaires des requêtes, trois sont magistrats, les autres font le commerce, et deux de ces derniers
sont des hommes de couleur. » (*Ib.*, pag. 95.)

Au besoin, et s'il fallait quelque chose de plus pour
mettre ce sujet dans tout son jour, on serait à même de con-
sulter une infinité de témoignages du plus grand poids et dignes de toute confiance ; les registres de l'institution africaine
et ceux de la société des missions ; les rapports officiels d'officiers
de marine, tant anglais qu'américains, particulièrement ceux
de feu sir Georges Collier, et du capitaine Trenchard de la
marine des États-Unis ; plusieurs voyageurs, aussi désintéres-
sés qu'éclairés, viennent aussi à l'appui de la thèse que nous
soutenons ; on trouvera l'analyse et la substance de tout ce
qu'ils ont écrit de relatif à Sierra-Leone dans une brochure
de feu M. Kenneth Macaulay, publiée par Hatchard en 1827,
sous le titre suivant : *Défense de la colonie de Sierra-Leone.*

Nous nous abstiendrons de plus longs détails ; cependant nous ne pouvons, en concluant, nous empêcher de
demander ce qu'il y a dans la constitution et l'état de cette
colonie en particulier qui ait pu lui attirer plus qu'à toute
autre ce concert de dénigrement et de diatribes, au point
même qu'on a sérieusement proposé au gouvernement de l'a-
bandonner. Cela est-il bien possible ? Et si l'on a pu en effet
conseiller une semblable mesure, comment l'accorder avec
la bonne foi, avec ce que commandent l'humanité et la justice la plus commune ? La grande masse des individus qui composent la colonie sont des Africains arrachés par nos croiseurs
des cales des négriers (1) ; (sans parler des droits de quel-

---

(1) Le nombre de ces Africains libérés monte à présent (1835) à plus de
quarante mille. Il n'est plus question de l'abandonnement de la colonie.

ques autres classes de colons), l'Angleterre a contracté envers les Africains libérés une obligation aussi solennelle et aussi impérieuse qu'aucune de celles qui puissent lier une nation ; une obligation non moins stricte que celle qui garantit à un capitaliste le paiement de ses dividendes, et sa pension à un soldat que les blessures et les infirmités ont mis hors d'état de servir. L'abolition de la traite, tant par les Anglais que par les étrangers, n'est pas une affaire coloniale ; c'est une affaire toute nationale. Dans cette circonstance nous avons pris des engagemens, nous nous sommes soumis à une responsabilité incontestable, à la face de l'Europe, à la face du monde entier ; responsabilité à laquelle nous ne saurions échapper par aucun sophisme, quelque subtil qu'il puisse être, par aucune considération d'économie, de quelque logique cruelle qu'on puisse l'étayer. Guidés par une politique humaine et chrétienne tout ensemble, nous arrachons de malheureuses créatures aux fers et à la mort ; faut-il donc les jeter à la mer, faut-il les reporter et les délaisser sur le rivage barbare d'où on les avait enlevés ? Ou, si on les débarque sur quelque point, comme Sierra-Leone, faut-il les y laisser sans protection, les exposer à devenir encore une fois la proie du féroce marchand d'hommes, pour subir de nouveau toutes les horreurs qu'entraîne une traversée dans la cale d'un négrier ? Faut-il les abandonner à l'ignorance brutale, au désordre, à la perfidie, à la violence, sans l'appui, sans le contrôle bienfaisant d'un gouvernement paternel, sans instruction, privés de toute sympathie chrétienne, privés enfin des lumières et des bienfaits du christianisme ? Non, il est impossible que la pensée d'une telle violation de tous les principes de justice, de toutes les obligations morales qui doivent diriger la conduite des nations et des individus, soit entrée sérieusement dans l'esprit d'un homme capable de réflexion, d'un homme dont le cœur renferme seulement une étincelle d'humanité.

Mais indépendamment de tout cela, nous citerons le passage suivant d'une lettre adressée, le 26 juin 1829, au major

Ricketts, par M. Hay , sous-secrétaire d'état : « Votre lettre du 27 mars m'a fait le plus grand plaisir. Cette disposition à bâtir qui se manifeste dans les villages est une preuve des plus fortes que les habitudes et l'esprit des habitans s'améliorent ; et *on fera sagement de l'encourager par tous les moyens*; une pareille disposition annonce qu'ils commencent à sentir le prix des douceurs de la vie civilisée , et ne peut que donner un heureux essor à l'industrie. » Et l'on parlerait d'abandonner Sierra-Leone, après avoir lu cette dépêche! Nous le répétons , la chose est absolument impossible , du moins sans manquer de la manière la plus ignominieuse à la bonne foi ; impossible, si l'on n'est évidemment maîtrisé par une de ces nécessités irrésistibles qui dispensent parfois des règles ordinaires de la morale ; impossible enfin , sans une indemnité que tant de travaux entrepris , tant de capitaux mis dehors à Sierra-Leone , sur la foi de cette lettre ministérielle, réclameraient à si juste titre , indemnité qui dépasserait de beaucoup tous les sacrifices pécuniaires que la nation pourrait être raisonnablement appelée à faire , conformément à ses obligations évidentes , incontestables , pour le maintien de cette colonie.

Et quelle sera pour nous la compensation de cette violation si grossière de nos devoirs? Oh! sans doute on va nous répondre par le grand mot d'économie. Mais il n'y a personne qui puisse honnêtement s'opposer à ce que nous remplissions les obligations les plus claires et les plus sacrées, en réduisant surtout au taux le plus bas possible les dépenses que les circonstances peuvent exiger? Sans doute les frais de colonisation pour Sierra-Leone ont été pendant quelque temps marqués au coin de la prodigalité la plus désordonnée ; c'est un fait auquel nous donnons notre plein et entier acquiescement. Et telle a été cette prodigalité, que non-seulement elle a dissipé sans raison ni prévoyance l'argent du trésor public, mais encore, à ce qu'il paraît, nui, par les dépenses les plus intempestives et les plus folles , à ceux même qui étaient ou devaient être l'objet de tant de sacrifices. Nous convenons de tout cela; nous convenons aussi qu'un tel état de choses exigeait la plus sévère investigation et le plus rigoureux contrôle; qu'on ne pouvait se dispenser de réviser, dans toutes ses parties le système qu'on avait suivi dans les premiers temps; qu'il n'y avait eu que confusion, désordre et hésitation, qu'on avait toujours agi au hasard et sans règlemens fixes, et flotté sans cesse d'un plan à un autre sans s'arrêter à aucun; que depuis que la direction de cet établissement avait passé, en 1808, des mains de la compagnie de Sierra-Leone en celles de la couronne, et jusqu'à une époque assez récente, tel avait été le caractère constant de l'administration, qu'enfin il était temps que le parlement appliquât au mal un remède efficace, et pourvût par des règlemens clairs, précis, et judicieux, à ce qu'à l'avenir, au lieu de dissiper follement l'or de la nation, on le fît servir à la civilisation et au bien-être de la population qui était l'objet de sa générosité.

Mais si nous jetons un coup d'œil sur les faits contenus dans les documens officiels qui sont maintenant sous les yeux du parlement, nous croyons pouvoir avec assurance demander dans quelle colonie on pourrait, à moins de frais qu'à Sierra-Leone, parvenir aux mêmes résultats. Au taux actuel des frais que nécessite l'entretien de cet asile des Africains libérés, nous croyons qu'il serait difficile de nous désigner un seul point, sur un bord ou sur l'autre de l'Atlantique, où, en dépensant le double de ce qu'il en coûte aujourd'hui, on pût leur procurer les mêmes avantages et leur continuer les mêmes bienfaits.

Mais on ne manquera pas de nous alléguer les influences meurtrières du climat, l'affreuse consommation d'hommes qu'il occasione, et la consommation plus affreuse encore qu'il causera par la suite. Nous convenons que, par rapport aux Européens, et surtout aux troupes européennes, ce serait là une objection irrésistible, si la mortalité dont elle nous offre le tableau était véritablement nécessaire et inévitable, au lieu de n'être, comme elle l'est effectivement, qu'un sacrifice d'hommes aussi inutile et gratuit qu'il est cruel. Nous soutenons en effet qu'on n'a, et que jamais on n'a eu, aucune raison même plausible pour exposer la vie des soldats anglais, et surtout de soldats tels que ceux qu'on a choisis pour les envoyer à Sierra-Leone, aux dangers d'un climat où l'intempérance est pour eux un arrêt de mort, et où les soldats noirs auraient été infiniment moins exposés tout à la fois et plus utiles que les blancs.

Un indice bien suffisant de l'immoralité de ces soldats se trouve dans la communication suivante, adressée par M. Hay, sous-secrétaire d'état, à M. Sullivan, du bureau de la guerre, concernant la réduction du corps africain; elle est du 23 janvier 1829.

« On ne voit rien qui empêche qu'on ne dispose des naturels et qu'on ne les incorpore parmi les Africains libérés. Mais sir Georges Murray ne peut prendre sur lui d'indiquer les meilleures mesures à prendre relativement aux soldats européens qui servent dans ce corps, par suite de commutation de peines, et pour des délits dont la nature n'est point à la connaissance du secrétaire d'état. Toutefois, d'après tous les renseignemens qui ont été transmis en différens temps à son ministère, sur la conduite généralement mauvaise des Européens appartenant au corps royal africain, sir Georges Murray est forcé de croire qu'il ne serait pas à propos et qu'il serait même dangereux de les lâcher dans la colonie; et s'il n'était pas possible de les faire entrer dans les régimens des Indes occidentales, ou qu'on ne crût pas expédient de les ramener en Angleterre, le seul parti à prendre serait de les tenir rassemblés en en faisant les deux compagnies du corps africain qu'on se propose de conserver, et à mesure qu'ils viendraient à manquer, de les remplacer par des Africains. »

En d'autres termes, ce sont de si mauvais sujets qu'il n'y a rien de mieux à faire que de les garder dans ce climat meurtrier, moyen le plus court et le moins dispendieux de s'en débarrasser. Et cependant voilà les hommes dont la présence et l'exemple ont été si funestes à Sierra-Leone ; et c'est sur la colonie qu'il faut faire tomber le blâme des déplorables effets qu'ont produits leurs crimes et la dépravation de leurs mœurs! Mais laissons parler à ce sujet les documens officiels qui sont sous nos yeux.

« On ne peut, dit M. le chirurgien Bell, imaginer rien de pire que ces soldats : on ne peut se faire une idée de leur excessive ivrognerie; et dans la ville, le matin, c'est chose ordinaire que de rencontrer une douzaine de soldats blancs morts-ivres et couchés dans la rue comme de vils animaux.

« Un fait indubitable, selon moi, c'est que de toutes les habitudes vicieuses, l'ivrognerie est celle qui prédispose le plus fortement aux fièvres les habitans de ce pays, et même les leur cause presque infailliblement ». (Pièces de 1830, p. 31.)

Voici comment s'exprime M. Ferguson, chirurgien du corps royal africain :

« Le climat de Sierra-Leone ne montre aucun caractère morbifique qui agisse sur les individus nés en Afrique. Quant aux Européens, il leur occasione des fièvres intermittentes, bilieuses, rémittentes et continues, des dyssenteries, des diarrhées, et les nombreuses affections qui entrent dans la classe des maladies et des obstructions organiques des viscères; ces dernières sont rarement idiopathiques et se manifestent en général comme une suite des fièvres (*Ib.*, p. 77) ». Il entre ensuite dans quelques détails sur les causes de mortalité parmi les troupes européennes, et il termine en remarquant « que cette vie débordée que mènent les soldats ne peut pas être prise pour un criterium sûr, et d'après lequel on puisse déterminer positivement l'influence du climat sur la constitution des Européens ; et il est même convaincu que la majeure partie des tristes détails qu'on vient de rapporter pourraient être attribués directement à des causes entièrement dépendantes des victimes elles-mêmes. » (*Ib.*, p. 79.)

Rapportons encore le témoignage du docteur Sweeney, chirurgien des forces britanniques :

« La colonie de Sierra-Leone a sur les autres établissemens quelques avantages importans : une plus grande étendue de pays découvert, une température plus fixe, et une abondance d'excellente eau. Le Gambie n'a pas cette température régulière, et l'eau y est mauvaise ; et au cap Coast, non-seulement l'eau est mauvaise, mais elle y manque quelquefois, à quoi il faut ajouter l'inconvénient d'une grande quantité de vers de Guinée ; du moins c'est ce que j'y ai remarqué pendant le séjour que j'y ai fait.

« Mais quelque mauvais que soit le climat, et bien que trop souvent on ne puisse maîtriser les causes locales de destruction, il y en a plusieurs autres qui développent et exaltent les premières, et auxquelles on est maître de se soustraire ; c'est pour les avoir bravées que les maladies et la mort moissonnent fréquemment les Européens imprudens ; elles consistent à s'exposer long-temps et sans précaution aux rayons du soleil, aux rosées de nuit, au froid et à l'humidité ; elles consistent surtout dans l'intempérance. Rien de plus commun parmi les soldats que de s'enivrer au point de ne pouvoir se soutenir pour rentrer à la caserne ; ils se couchent alors dans les herbes, y passent toute la nuit, et souvent, en se réveillant, ils se trouvent trempés de pluie jusqu'à la peau. D'autres qui sont parvenus à gagner le quartier, après avoir passé quelques instans au lit, se sentent brûlans par l'effet du vin et des liqueurs qu'ils ont bus ; ils vont dehors pour respirer un peu d'air frais, et peut-être couverts de sueur ; alors l'humidité de la nuit arrête subitement la transpiration, et la fièvre s'empare d'eux. Quoique la plupart de ces hommes soient de mœurs très-débordées, je suis porté à croire qu'une grande partie des écarts auxquels ils se livrent viennent de l'isolement et de l'abandon auxquels ils sont condamnés, éloignés pour toujours de leur patrie, de leurs familles et de leurs amis, et frappés de l'idée que leur existence sur la terre doit

être de courte durée. Pour écarter ces douloureuses pensées,
ils ne connaissent en général d'autre ressource que la bouteille
de rhum, et ils ont coutume de dire, en parlant de la vie,
« qu'ils veulent la faire courte et bonne ». Leur régime actuel n'est pas ce qu'il devrait être pour entretenir leur santé :
le bœuf qu'on leur donne est toujours mauvais et ne contient
presque aucun élément nutritif; en leur rendant les petites
rations qu'ils avaient l'année dernière, on ferait beaucoup
pour leur santé et pour le bien-être moral en même temps.
(*Ib.*, p. 83 et 84) ».

Est-il croyable que sans la moindre nécessité, que dis-je ?
lorsque tout prouvait que le mal l'emportait immensément
sur le bien, est-il croyable que nous nous soyons obstinés à
envoyer sur la côte africaine un si grand nombre d'officiers
et de soldats européens ? n'était-ce pas sacrifier inconsidéré-
ment, pour un service auquel auraient été infiniment plus
propres des régimens de naturels ? régimens qui, d'ailleurs,
ont prouvé qu'ils méritaient autant de confiance que toute
autre troupe quelconque; et sur lesquels M. Fergusson fait remarquer que « le climat de Sierra-Leone n'a réellement aucune influence fâcheuse ». Et pourquoi les officiers de ces régimens ne seraient-ils pas aussi pris parmi les nègres ou les
gens de couleur ? Et, pour aller plus loin, pourquoi les mêmes
classes ne fourniraient-elles pas la totalité, ou à peu près, des
fonctionnaires civils de la colonie ?

Il est donc évident que l'objection qu'on élève contre la
conservation de Sierra-Leone n'a nul fondement, si ce n'est
dans l'esprit d'entêtement et de vertige, car il faut le voir tel
qu'il est et l'appeler de son nom, qui a poussé à un sacrifice
inutile du sang européen.

Mais, après tout, n'ont-ils pas assez mauvaise grâce à mettre en avant une pareille objection, ceux qui, les yeux tout
grands ouverts sur les faits de la cause, n'ont cessé de pour-
suivre de leurs clameurs les sacrifices d'hommes européens

que l'on faisait à Sierra-Leone, et ont gardé constamment un silence affecté sur d'autres sacrifices du même genre, et des sacrifices bien autrement coûteux, qu'entraînaient pour nous nos colonies des Indes occidentales? Ceux qui concernent l'Afrique ont été passagers, de courte durée, et, nous l'espérons, ont cessé pour toujours, du moins aussitôt que se seront réalisées les circonstances qui doivent permettre de retirer les troupes anglaises qui sont encore sur le sol de la colonie. Mais les sacrifices qu'il nous a fallu faire pour les Indes occidentales sont d'une étendue bien plus grande, et ils ont décimé nombre de générations; ils se prolongent et se répètent journellement, et menacent, si le parlement n'intervient, de n'avoir point de terme. Nous avons long-temps souhaité de voir dérouler sous les yeux du public anglais la lamentable liste des maladies et des décès que pourraient fournir, depuis 1790, les annales militaires des Indes occidentales. Il n'en aurait que plus d'horreur et de dégoût pour l'esclavage, que cette effroyable mortalité a eu pour objet et pour cause de maintenir. Plus d'une fois on a demandé cet état, mais toujours il a été refusé par ceux qui connaissent cet épouvantable registre, et le dérobent au jour comme un fantôme hideux. Dans la dernière séance du parlement (le 2 juin 1829) une motion à cet effet fut adoptée par la chambre des communes, comme l'indique l'extrait suivant des procès-verbaux de cette chambre : « Mortalité aux Indes occidentales, dans la marine et dans l'armée. *Ordonné* qu'il en sera fourni un relevé portant le nombre des troupes stationnées dans les différentes colonies des Indes occidentales, et le nombre des décès survenus chaque année depuis le mois de juin 1810, en distinguant les corps européens des corps coloniaux, etc. »

Or, non-seulement ce relevé, malgré l'ordre des communes, n'a pas été produit, mais nous apprenons que le secrétaire de guerre le refuse positivement, apparemment de peur d'épouvanter le public par l'horreur d'un pareil tableau. Quoi qu'il en soit, nous ne pouvons douter que la chambre des

communes ne regarde comme son devoir d'exiger l'exécution d'une demande que justifient plus qu'il ne faut la raison ,
la justice et la nécessité. Si nous devons arriver à la postérité
chargés du crime affreux de l'esclavage, sachons du moins
combien d'or, sachons combien de sang, il nous coûte.

CHAPITRE IV.

MOYENS PROPRES A CONVERTIR SANS DANGER ET AVEC AVANTAGE LES ESCLAVES DES COLONIES EN TRAVAILLEURS LIBRES (1).

Le plan proposé par le gouvernement, en mai 1833, pour l'émancipation de tout ce qui porte en ce moment les fers de l'esclavage dans les possessions de sa majesté, repose sur les principes suivans qui en sont la base essentielle, savoir : que les esclaves jouiront sur-le-champ de tous les droits et priviléges d'hommes libres ; qu'ils seront reçus à témoigner devant toute cour, soit criminelle, soit civile, tant contre ceux par qui ils seront employés que contre toute autre personne quelconque ; qu'ils pourront faire partie des jurys et servir dans la milice ; qu'ils seront libres de suivre tel culte et tel ministre du culte qu'il jugeront à propos ; et qu'ils entreront d'ailleurs en jouissance de tous autres droits et priviléges, comme sujets britanniques ; *le droit de punition corporelle à leur égard étant entièrement ôté au maître, et exclusivement transféré aux magistrats.* Par une autre disposition de ce projet, il est dit que « des hommes respectables, et n'ayant aucune rela-
« tion d'intérêt dans les colonies, seront envoyés comme ma-

---

(1) Dans le commencement de 1833, lorsqu'il fut question en Angleterre d'abolir l'esclavage dans les colonies anglaises, le plan qui suit fut proposé en substance au gouvernement pour l'exécution de cette importante mesure. Lord Stanley, qui venait d'être nommé secrétaire d'état au département des colonies, le rejetait et en adoptait un autre dont la base était de substituer à l'esclavage un *apprentissage* de quelques années. Cependant, l'auteur du plan que nous retraçons ici crut convenable de le soumettre ainsi modifié aux membres du parlement ; mais la majorité vota pour le plan ministériel. Il est possible néanmoins que d'autres nations en jugent autrement : c'est ce qui a déterminé l'auteur à le publier ici.

« gistrats de districts ou sous toute dénomination quelcon-
« que, pour la protection des nègres et le maintien de la paix,
« et que tous les fonctionnaires religieux, de quelque croyance
« qu'ils soient, seront efficacement protégés. »

Lorsque ces grands principes fondamentaux auront été
consacrés et établis par un acte de la législation impériale,
et qu'on aura organisé la magistrature et la police nécessaires pour en opérer l'application, il restera à chercher
par quels moyens on pourra rendre cette grande mesure
de l'émancipation la plus avantageuse possible pour l'amélioration morale et intellectuelle et le bien-être du nègre; pour
les intérêts du propriétaire; et pour la prospérité générale
de l'empire.

Le gouvernement propose de convertir les esclaves en apprentis, sauf certaines modifications et pour un certain nombre d'années, mais sans salaire pour les trois quarts de leur
temps, (à l'exception des chétifs appointemens qu'on leur accorde maintenant comme esclaves), mais avec le privilége
d'employer pour des gages, ou en travaillant pour eux-mêmes,
l'autre quart de leur temps. Nous ne pouvons nous empêcher
de combattre ce projet comme injuste et fâcheux, comme
présentant une complication tout-à-fait inutile, et donnant lieu
à des disputes et à des conflits; et de plus, comme peu efficace et peu avantageux, non-seulement par rapport au maître, mais encore par rapport à l'esclave. Voici le projet que
nous serions d'avis d'y substituer.

Sans s'écarter en rien des grands principes mis en avant par
le gouvernement, et sous la garantie et la protection des mesures exécutoires qu'il propose, et auxquelles nous donnons un
plein et entier assentiment, les relations présentement existantes entre le nègre et son maître actuel resteraient absolument les mêmes (sauf seulement les modifications que pourrait apporter le consentement mutuel des parties, avec la
sanction du magistrat) pendant un laps de temps déterminé,
qu'on pourrait appeler le temps *probatoire*; dont la durée

peut être déterminée après les plus mûres réflexions. Dans le projet du gouvernement, on propose de fixer ce temps *probatoire* à six ans ; mais ce terme nous semble beaucoup trop long. On a émis un grand nombre d'opinions différentes sur ce qu'on pourrait sagement et avantageusement en retrancher. Admettons, pour simplifier la discussion, qu'il ne doive pas excéder deux ans ; nos observations, du reste, pourront s'appliquer également à une période un peu plus longue ou un peu plus courte.

Le sol des colonies appartient, soit à la couronne, soit à ces propriétaires d'habitations et de plantations ; qui sont en général les maîtres de la race d'esclaves aujourd'hui existante.

Un grand malheur qui pût arriver à ces esclaves, ce serait que, le jour même de leur émancipation, soit par dépit, soit par caprice, ou pour toute autre cause, les propriétaires d'habitations les jetassent hors de leurs cases ou de leurs cabanes, et leur ôtassent le lot de terre qu'ils occupent maintenant, et qu'ils font valoir pour leur nourriture et celle de leurs familles. Ces malheureux seraient, en pareil cas, réduits à chercher d'autres habitations et de nouveaux moyens de subsistance ; et bien que quelques mois peut-être fussent suffisans pour les tirer de cette triste situation, il n'en est pas moins vrai que la conséquence inévitable d'une semblable expulsion serait, en attendant, une grande misère, un profond mécontentement, et peut-être quelque danger. C'est pourquoi une disposition qui devrait faire partie nécessaire, et même indispensable de tout mode d'émancipation, ce serait que, pendant toute la durée de ce temps *probatoire*, les propriétaires fussent tenus de laisser à leurs esclaves émancipés l'usage, sans restriction aucune, des habitations et des terres qu'ils occupent maintenant ; et que, sauf les cas déjà exceptés, les esclaves émancipés fussent, de leur côté, tenus de ne point quitter leur domicile ordinaire, ni les lots de terre où ils cultivent des vivres, pendant le dit temps *probatoire* ; comme aussi de continuer leurs travaux actuels, moyennant un salaire qui leur serait payé par ceux qui les emploieraient, soit à la journée, soit à l'entreprise, et d'après un taux équitablement arrêté.

La journée de travail commencerait à six heures du matin et finirait à six heures du soir, avec des intervalles égaux en tout à trois heures pour le repas et le repos ; ce qui est conforme à l'ordre du conseil du 2 novembre 1831, relatif au travail.

Le salaire d'un journalier adulte ordinaire serait fixé par les autorités locales, à un taux correspondant à la valeur courante d'une journée de travail dans la colonie, sauf les modifications équitables qu'il conviendrait d'y faire pour les femmes, les infirmes, les individus d'un âge encore tendre, et aussi pour les artisans, suivant la nature de leur profession et leur habileté.

Le travail de nuit, c'est-à-dire de six heures du soir à six heures du matin, devrait être volontaire de la part de l'ouvrier, et payé au prorata du nombre d'heures qu'il y aurait donné, et à un taux encore plus élevé que le travail de jour.

Les heures déterminées pour le travail de jour ne s'étendraient qu'à cinq jours de la semaine, savoir : le lundi, le mardi, le mercredi, le jeudi, et le vendredi. A compter du vendredi soir, à six heures, jusqu'au lundi matin, à six heures, le cultivateur aurait liberté pleine et entière d'employer son temps comme il le jugerait à propos, soit en cultivant son jardin ou ses terres à provisions, soit en se louant à celui pour qui il travaille régulièrement ou à toute autre personne, soit en achetant ou vendant au marché (et pour qu'il ait cette facilité, le marché sera universellement placé au samedi), soit en assistant au service divin et aux instructions dominicales ; le tout sans être assujetti, pendant ses heures de liberté, et dans l'intervalle du vendredi soir au lundi matin, à d'autres restrictions que celles qui sont communes à toutes les autres classes d'habitans.

Quant à la fixation arbitraire du taux des salaires, c'est une nécessité du moment qui ne pourrait être maintenue au-delà d'un certain temps, avec un système de travail libre, quelle qu'en puisse être l'organisation. Ces lois naturelles qui s'établissent d'elles-mêmes entre le vendeur et l'acheteur, et qui, par leur action et leur réaction, règlent le commerce du monde d'une manière si infaillible dans ses relations si compliquées et si variées, ces lois ne tarderaient pas à obvier complètement à la nécessité d'un tarif, et à laisser la fixation des salaires, entre le colon et son ouvrier, à l'empire et à l'influence des mêmes considérations qui gouvernent ces transactions partout ailleurs.

Mais quelle que soit ici la difficulté réelle, elle s'applique aussi bien, dans le projet du gouvernement, à la fixation du salaire que devra recevoir l'ouvrier pour le quart de son temps, qu'ici à la fixation du salaire de la journée entière.

Mais comment le planteur, qui paie au cultivateur le prix d'une journée de travail, peut-il être assuré d'obtenir en travail la valeur de ce salaire ? Voici, suivant nous, comment cela pourrait s'arranger. Il n'y a point de plantation où il ne se trouve des personnes parfaitement capables de juger si le journalier a fourni, ou non, la quantité de travail qu'il doit pour un jour, et d'estimer, comme juges, le déficit ou l'imperfection de l'ouvrage fait, et de la décision desquelles, si on la croyait injuste, chaque partie pourrait appeler à l'officier de police ou au magistrat. Il n'y a pas de piqueur ou de conducteur de travaux sur les habitations qui ne fût en état de décider la question avec équité et discernement.

On admet que la journée puisse être mal remplie, et que le maître, en raison de l'indolence ou de la mauvaise foi de l'ouvrier, puisse être frustré d'une portion quelconque du travail qu'il a droit d'obtenir pour le salaire qu'il lui paie, sans être dans la possibilité de découvrir la fraude, ou de la punir. Mais il a sous sa main, presque dans tous les cas, un remède aisé à cet inconvénient. Il lui suffit de substituer le travail à la tâche au travail à la journée. Il peut encore s'entendre avec le cultivateur pour telle quantité d'ouvrage qui demanderait neuf heures d'un travail suivi et soutenu, et s'engager à lui payer pour cette quantité le salaire d'une journée, en lui laissant le choix de ses heures; c'est-à-dire, en deux mots, qu'il pourrait lui donner l'option du travail à la tâche. En pareil cas, et comme l'atteste l'expérience constante et uniforme des planteurs, le cultivateur ne manquerait pas de redoubler d'efforts et d'activité, et d'exécuter ce travail de neuf heures en un temps plus court. Ce qu'il aurait ainsi épargné de temps, il pourrait le consacrer au maître, ou l'employer pour son propre compte d'une manière plus profitable, et les deux parties gagneraient à cette combinaison. Il y aurait plus d'ouvrage de fait, et cela sans l'embarras ou la dépense d'une inspection minutieuse; sans les ennuis et les vexations de la méfiance, de la plainte, des punitions. Il ne pourrait s'élever aucun débat sur l'exécution plus ou moins exacte de la quantité de travail stipulée. Une simple inspection suffirait pour décider la question.

Et ce système pourrait s'étendre, dans son application, bien au-delà du travail individuel. Ne serait-il pas possible, en effet, ne serait-il pas avantageux même de faire un marché avec dix, vingt ou trente esclaves qui s'engageraient à terminer tel ou tel ouvrage, pour un certain prix, et dans un délai convenu, comme à faire les trous d'un champ pour la plantation des cannes, à planter les cannes, à les cherber, à les éclaircir, etc., et enfin à les couper au moment de la récolte? Nous ne voulons pas nier, quels que soient pourtant nos doutes à cet égard, qu'il n'y ait dans la fabrication du sucre et dans celle du rhum des opérations qu'on ne peut donner à la tâche; mais nous croyons du moins qu'on aurait de la peine à nous citer aucune espèce de travail, en fait de culture, qui ne puisse se prêter à cet arrangement, et cela avec le plus grand avantage, si préalablement ce travail a été examiné et estimé avec soin. Mais sans que nous entrions sur ce point dans des éclarcissemens minutieux, il est évident

qu'une très-grande partie, et la partie la plus pénible des travaux de culture, peut être ainsi l'objet d'un marché à forfait,
qui économiserait les frais de plusieurs gérans, et préviendrait l'irritation qui résulte nécessairement des plaintes et des
débats inévitables dans un autre système. On pourrait s'appuyer des meilleures autorités coloniales pour prouver combien celui-là est d'une pratique facile.

Mais poursuivons. On demandera peut-être comment on
réprimera la fainéantise, l'insubordination, le vagabondage,
sans le fouet ; comment, sans le fouet, on parviendra à maintenir la discipline sur les plantations. Nous ne croyons pas
que, pour y parvenir, les punitions corporelles soient d'aucune nécessité, même dans les mains des magistrats. Elles
sont bannies du code haïtien. Si les délits ne rentrent pas ri-
goureusement dans la sphère de la discipline des plantations,
il suffit que la loi et le magistrat interviennent, précisément
dans les mêmes formes et avec les mêmes moyens que pour
tous les autres membres quelconques de la société. Et quant
aux délits qui peuvent être regardés comme des atteintes di-
rectes contre la discipline des plantations, les peines de-
vraient être principalement d'une nature pécuniaire, telles
que l'amende, et, en cas de besoin, l'emprisonnement pour la
faire payer ; ou, dans des cas très-graves, quelques travaux
forcés. Mais, en général, un système d'amendes modérées,
dont le paiement s'effectuerait par des retenues sur les salaires,
serait un moyen très-efficace pour maintenir la régularité et
l'activité pendant les heures de travail, ainsi que la subordi-
nation nécessaire à l'égard des diverses autorités de la plantation ; on pourrait, en cas de besoin, ajouter à l'amende une
courte détention.

La nature des travaux des champs, et la possibilité d'en
exécuter une certaine quantité dans un temps donné, sont des
choses si bien entendues sur les habitations, que toutes les
fois qu'il s'élèverait une plainte ayant pour objet l'inertie,
la fainéantise, ou un travail mal fait, il suffirait, pour y faire

droit en première instance, de la soumettre à l'examen et à la décision d'un petit tribunal composé de deux ou trois personnes respectables appartenant à l'habitation; l'une nommée par le propriétaire, l'autre par les cultivateurs eux-mêmes, et une troisième par le magistrat, sauf l'appel de leur décision à l'officier de police ou au magistrat. En fait, les chefs-ouvriers des plantations pourraient former une espèce de corps de connétables qui aurait les plus heureux effets ; on les chargerait, sous leur responsabilité, du maintien de la tranquillité, et on punirait de l'amende ou de la dégradation toute négligence ou tout délit dans l'exercice de leurs fonctions.

Quant aux jours et aux heures d'absence, *avec la permission* du maître, on obvierait à leur trop grande fréquence par un expédient bien simple, qui consisterait à une retenue proportionnée sur les salaires, qui ne seraient payés qu'aux individus réellement employés, et au prorata de leur temps de travail. Dans les cas d'absence *sans permission*, non-seulement la paie du cultivateur serait arrêtée, mais une amende égale au montant de ce qu'il aurait pu gagner, s'il eût été présent, pourrait lui être infligée ; cette amende augmenterait graduellement, pour les cas de récidive, et serait même, si besoin était, accompagnée de la détention. Le travail mal fait, ou les pertes occasionées par la négligence et le retard, pourraient être jugés et punis de la même manière, la voie d'appel aux autorités supérieures étant ouverte dans tous les cas semblables.

Pour faciliter l'exécution de toutes ces mesures, il serait nécessaire de tenir sur chaque plantation, comme on le fait déjà, un registre contenant une note exacte des jours et heures de présence des cultivateurs, ce registre demeurant toujours ouvert aux cultivateurs ou à une personne chargée de veiller à leurs intérêts, ainsi qu'aux officiers de police et aux magistrats. Un autre registre, dûment vérifié, serait destiné à recevoir tous les marchés conclus entre le maître et les cultivateurs, les termes de ces marchés passés, soit avec des individus, soit avec des compagnies de cultivateurs, et préviendrait toute espèce de contestation.

Relativement au délit de vagabondage, qui inspire de si grandes appréhensions, on pourrait, par condescendance pour ces appréhensions, bien ou mal fondées, établir des règlemens sévères, et qui, en cas de circonstances aggravantes, prononceraient même les travaux forcés. Mais il ne faut pas oublier que les causes principales qui jusqu'ici ont rendu ce délit si fréquent n'existeront point dans le nouvel état social. Un excès de travail, des fatigues mal récompensées, la crainte des punitions corporelles, ont été jusqu'à ce jour les grands et presque les seuls motifs qui ont poussé les esclaves à la désertion et au vagabondage, causes qui disparaîtront presque entièrement sous le nouveau système. Quelle bonne raison en effet pourrait avoir un cultivateur ou un ouvrier pour abandonner sa maison, et chercher un asyle dans les bois, pour s'exposer à toutes les privations et à toutes les misères, pour se condamner à la perte de toutes les jouissances et de toutes les douceurs domestiques, suite nécessaire d'une existence vagabonde, à moins d'être entraîné par une prédilection bizarre pour la vie sauvage? Un seul motif peut aujourd'hui pousser le nègre émancipé à déserter son habitation, c'est le désir d'améliorer sa condition ; mais ce motif, quoique de prime abord et pendant le temps d'épreuve il soit à propos d'en diriger les effets, et cela seulement dans la vue du bien-être même de l'esclave émancipé, ce motif doit être bien plutôt entretenu et encouragé que comprimé par les punitions.

Nous avons dit qu'il devait être permis aux esclaves émancipés de conserver leurs maisons et leurs jardins pendant tout le temps *de probation*. Il est clair que pour la cabane qu'il aurait élevée lui-même, le cultivateur ne devrait payer aucun loyer, si ce n'est pour le terrain de l'emplacement. Quant à la cabane construite aux frais du maître et en bon état de réparation, le nègre serait tenu d'en payer la jouissance par un loyer proportionné à la valeur du local, et de l'entretenir tout le temps qu'il l'occuperait. On arpenterait le jardin qui lui serait laissé, et il en paierait le loyer à un prix modéré, suivant le degré de fertilité du terrain, sa situation, etc. Il aurait aussi le droit de prendre sur la plantation l'étendue de terrain qu'il croirait pouvoir cultiver avec profit, lui et sa famille, et dont il s'engagerait à payer le fermage. Nous supposons que la cabane puisse valoir de 10 à 15 *shillings* par an, et une acre de bonne terre de 20 à 40. S'il demande, indépendamment de sa cabane, une acre, une acre et demie ou deux acres de terre, le loyer de ce terrain et celui de la cabane s'élèveraient annuellement à environ 40 ou 50 *shillings*, dont le paiement serait amplement garanti par l'élévation progressive de ses gains et profits. On pourrait faire un arrangement à part pour le pâturage des bestiaux ou bêtes de somme que le cultivateur pourrait acquérir.

Le cultivateur changeant volontairement de résidence, ou obligé de déguerpir, aurait le droit de faire sa récolte; il pourrait ou disposer de sa propriété, ou se faire allouer une indemnité sur estimation.

Quant à la nourriture du nègre et de sa famille, à l'habillement, aux visites de médecins, et autres frais qui ont été jusqu'ici à la charge du maître, ils devront cesser à compter du moment où commencera le système des salaires réguliers, pour cinq jours de la semaine, et où le nègre pourra disposer pleinement et exclusivement des deux autres jours, et jouir des autres immunités auxquelles il aura droit désormais. La seule dépense obligatoire pour le maître à l'égard de son ci-devant esclave sera donc le salaire qu'il devra lui payer pour le travail effectif qu'il en tirera. Quelques personnes craignent que ce changement, quelque avantageux qu'il puisse être pour le maître, en le délivrant de tout embarras, ne soit funeste à beaucoup d'esclaves émancipés, en les exposant au dénûment, à la misère, à la faim. Il importe de dissiper ces craintes.

A la Jamaïque, à la Trinité, à la Grenade, à St-Vincent, à la Dominique, à Tabago, à Sainte-Lucie, à l'île Maurice, et dans toutes les autres colonies où les esclaves ne vivent que du produit des jardins et terres de provisions qu'ils cultivent eux-mêmes, pendant les vingt-six jours ouvrables que la loi leur accorde dans l'année, indépendamment des dimanches (lesquels jours ouvrables se réduisent toutefois à quinze ou seize à la Trinité), les maîtres ne leur fournissent d'autres alimens en général qu'une faible distribution de poisson salé, toutes les semaines, et même tous les quinze jours seulement. C'est ce qu'on ne saurait regarder comme nourriture, mais seulement comme un petit assaisonnement pour les légumes et herbages dont ils font leur nourriture ordinaire. En général, les alimens qui soutiennent les esclaves des colonies sont exclusivement le fruit du travail de leurs mains, et c'est ce travail qui nourrit exclusivement aussi les jeunes qui ne peuvent encore rien faire et les vieux hors d'état de cultiver des vivres pour eux-mêmes. Si ce fait était révoqué en doute, rien ne serait plus facile que d'en prouver l'exactitude par des témoignages multipliés, sortis de la bouche des colons eux-mêmes. Si donc l'esclave, lorsqu'il ne recevait pas de salaire pour son travail, et lorsque la loi ne lui accordait que vingt-six jours par an pour pourvoir à sa subsistance et à celle de sa famille, venait à bout de pourvoir à ses besoins, comment croire que lorsqu'il pourra appliquer un temps beaucoup plus considérable au même objet et qu'en outre il recevra un juste salaire pour chaque heure de travail qu'il donnera à son maître, lui ou ses enfans, ou ses parens devenus vieux, puissent être en proie au besoin? Voilà ce qu'il est impossible d'admettre.

Ajoutons qu'aujourd'hui les enfans, dès l'âge de cinq ou six ans, et même beaucoup d'individus affaiblis par l'âge et par les infirmités, sont employés sur les habitations, à des travaux proportionnés à leurs forces. Sans doute il est possible qu'on ne tire pas un bien grand parti de ces travailleurs, mais leur temps n'en est pas moins occupé par le maître, et ils sont obligés de répondre à l'appel dans les champs , d'y rester du matin au soir , enfin de demeurer à leur poste quel qu'il soit. Maintenant la plupart de ces individus seront exempts de cette corvée ; on n'astreindra à un service régulier que ceux qui peuvent gagner quelque chose par leur travail ; mais ce travail , quelque peu utile qu'il soit au maître , sera d'une extrême importance pour eux-mêmes , pour les pères et mères et pour tous les membres de la famille en etat de travailler. Les vieux soigneront les jeunes ; ils s'occuperont de divers détails relatifs à la propreté et à l'aisance de la maison ; ils feront la provision d'eau et de bois ; ils prépareront les repas pour le moment du retour des véritables ouvriers : ils aideront à tenir les jardins en bon état , à cueillir les légumes et les fruits , à nourrir les cochons et la volaille ; ils pourront même se charger de quelques travaux de culture. Il n'y a pas jusqu'aux enfans qui ne puissent être utilisés dans toutes ces circonstances , et dans une infinité d'autres appropriées à leur pouvoir d'activité ; ils accompagneront leurs parens à leurs jardins et leurs terres de provisions , et ils les y aideront dans leurs travaux.

Dans un petit nombre de colonies, comme la Barbade et Demerara , où la nourriture des esclaves se compose principalement de végétaux , tels que plantain , yams , eddos , etc. , cultivés en commun par toute la troupe, et distribués ensuite chaque semaine par le maître ; ou dans les cinq petites colonies qui forment les Iles-du-Vent , où l'on nourrit souvent les esclaves de provisions importées, il suffira d'une légère modification dans le système pour amener les mêmes résultats qu'à la Jamaïque. A la Barbade et à la Guyane , il n'est pas plus difficile qu'à la Jamaïque d'assigner aux esclaves des lots de terre qu'ils cultiveront eux-mêmes ; et bien qu'il n'y ait peut-être pas à cet égard la même facilité dans les Iles-du-Vent que dans les autres colonies , néanmoins les obstacles n'y sont nullement insurmontables. Il y a dans toutes ces îles une grande quantité de terres propres à la culture des vivres ; et là même où cette qualité de terre est plus rare , les nègres émancipés trouveront encore à employer utilement leur temps , soit en se louant comme cultivateurs , soit en travaillant pour leur propre compte , et parviendront à se placer dans une situation non moins favorable que leurs voisins. Il ne nous est pas revenu que les nombreux Africains libérés , établis, depuis 1828, à Bahama, à Tortola, à Antigue , comme cultivateurs libres , se soient jamais plaints d'avoir souffert , eux ou leurs enfans, du manque de nourriture et de vêtemens , ou que la nécessité les ait forcés à travailler aussi le dimanche pour ajouter à leurs moyens de subsistance.

Mais s'il est quelques craintes fondées , ce sont uniquement celles des personnes qui , mieux instruites de ce qui se passe dans nos colonies des tropiques , redoutent, non pas la disette, mais bien plutôt les effets d'une trop grande facilité à se procurer les choses nécessaires à la vie, combinés avec cette habitude d'indolence et cet amour du repos auxquels les nègres, semblables en cela à toutes les races d'hommes des régions tropicales, sont si fortement enclins. Leurs efforts pour écarter le besoin, et parvenir à la somme de bien-être qu'ils ambitionnent, n'exigent pas, on en convient, la même énergie ni la même continuité de travail que dans les contrées plus froides et moins productives. Et il ne serait pas à désirer qu'il en fût ainsi : ces efforts, ces actes de vigueur qui peuvent n'avoir aucune conséquence fâcheuse dans la zone tempérée, ce ne serait pas impunément, pour la santé et pour la durée de la vie, qu'on s'y livrerait sous les rayons d'un soleil vertical.

Mais, quoiqu'on ne puisse contester ce fait, il ne s'ensuit nullement que les habitans des régions tropicales soient moins désireux d'améliorer leur condition , d'augmenter leurs propriétés, de mettre à leur portée non-seulement le nécessaire, mais même le luxe de la vie, que leurs frères des autres parties du monde. L'histoire le prouve par une foule d'exemples, et nous n'avons qu'à promener nos regards sur une mappemonde pour nous convaincre de cette vérité, pour nous convaincre que ce n'est pas dans la chaleur du climat qu'il faut chercher les obstacles qui s'opposent à tous les genres d'amélioration, mais bien dans les misérables institutions politiques, et dans les superstitions plus misérables encore qui paralysent l'énergie de l'homme, et obscurcissent ses facultés intellectuelles. Même dans nos propres colonies des tropiques, bien que les âmes de nos frères d'Afrique et de leurs descendans aient langui pendant tant d'années sous le poids de la plus criante oppression, quoiqu'elles aient été humiliées, avilies, rabaissées au-dessous du niveau de l'humanité, telle est, néanmoins, l'élasticité morale que le ciel leur a donnée, que, du moment même où le ressort qui pesait sur eux vient à être détendu, nous les voyons s'élancer hors des entraves qui les comprimaient et réclamer le droit qu'ils ont d'être comptés au nombre des enfans du même père commun de tous les hommes, comme dotés des mêmes facultés, comme animés des mêmes désirs, comme susceptibles des mêmes émotions, pouvant enfin ouvrir leurs cœurs à ces sentimens sublimes qui ennoblissent l'humanité et à ces impérissables espérances qui la consolent. Ne citons point Haïti, mais regardons seulement notre colonie de la Jamaïque, et voyons les progrès qu'y a faits l'Africain dans le court espace de dix années seulement, et nous ne pourrons plus douter que toutes ces lamentations anticipées sur la possibilité d'un retour à la barbarie, comme conséquence de l'émancipation, ne soient que les rêveries de l'ignorance et du préjugé.

Nous n'en désirons pas moins ardemment d'accélérer cette tendance progressive, sociale ou morale, et d'écarter tous les obstacles qui pourraient en empêcher ou retarder la marche. Bien que l'expérience du passé et cette masse de preuves que le parlement nous a fournies par ses comités de l'année dernière, nous aient convaincus que les craintes dont nous venons de parler ne sont que pures chimères, que le foyer domestique, le chez-soi, est dans les idées, dans les penchans du nègre, qu'il en chérit les devoirs et les joies, et qu'il pré-

fère le mouvement et le fracas du marché et les douceurs de la
vie sociale aux privations et à l'isolement du désert et à la
solitude de la forêt, nous ne voudrions cependant négliger aucun des moyens qui peuvent exciter et entretenir en lui ces
inclinations.

C'est dans cette vue que nous recommandons de toutes nos
forces le système des salaires réguliers, que nous voulons que
l'on conserve temporairement au nègre émancipé son habitation actuelle, et que, par une surveillance momentanée, on
l'empêche de s'abandonner à une vie de vagabondage et de
désœuvrement; nous voudrions encore que, par un règlement
strict, la Couronne s'opposât aux concessions faites, sans auto-
risation, des terres qui lui appartiennent dans les différentes
colonies, et qu'elle régularisât le pouvoir qu'elle a elle-même
d'en concéder des portions, afin, d'un côté, de ne pas frapper
d'une fâcheuse dépréciation les terres déjà concédées, en pro-
diguant ce qui reste, et, de l'autre, pour pouvoir, par les dons
et les libéralités de ce genre dont les circonstances peuvent indiquer l'opportunité, empêcher l'oppression du nègre émancipé et prévenir la trop grande réduction des salaires.

Mais le moyen sur l'efficacité duquel nous comptons le plus
pour écarter les inconvéniens et les maux que l'on redoute,
c'est-à-dire le vagabondage, la paresse, ou l'esprit d'insubordination, ce sont les progrès de l'instruction, surtout de l'instruction religieuse, qu'il faut s'appliquer à répandre parmi
les émancipés. Nous avions préparé sur ce sujet un long chapitre dont nous ajournons d'autant plus volontiers la publication, (avec l'espérance de pouvoir bientôt y revenir,) que le
gouvernement, le parlement et le public paraissent déjà fixés
sur l'indispensable nécessité de faire de ce puissant moyen
d'amélioration le premier et principal objet de leur sollicitude
et de leurs efforts.

Nous avons pris pour point de départ deux années comme
durée de la *période probatoire* dont nous nous sommes occupés jusqu'à présent; mais toutes nos observations sur ce

point s'appliqueront également à une ou à trois années, quoi qu'en décide le parlement. Continuant à développer nos vues à cet égard, nous supposerons que nous approchons de la fin de la seconde année, et que nous trouvons alors les nouvelles relations sociales mieux entendues par toutes les parties; les passions calmées, les haines éteintes, les préjugés expirans, et partout commençant à régner un sentiment de sécurité et de mutuelle confiance. Dans cette supposition, quelle est la règle de conduite à suivre?

Déjà nous avons fait entendre que même pendant la durée du *temps probatoire,* rien n'empêcherait, suivant nous, d'admettre telles modifications partielles que pourraient désirer l'ouvrier et le maître qui le fait travailler, les modifications auxquelles l'un et l'autre seraient disposés à consentir, et qui seraient sanctionnées par le magistrat. Nous voulons parler des artisans consommés qui ne pourraient trouver à travailler sur aucune habitation à un prix proportionné à leur habileté, mais à qui on offrirait ailleurs de l'emploi et un salaire plus avantageux; nous voulons parler aussi des individus qui, ayant amassé quelque argent, seraient en état d'acheter ou de louer des terres à leur convenance, et sur lesquelles ils pourraient s'établir tout de suite, et des personnes placées en d'autres circonstances de la même nature.

Mais ce sont des cas qui probablement ne se rencontreront pas si fréquemment, que vers la fin du temps *probatoire,* la grande masse de la population émancipée ne restera vraisemblablement dans la même position, à très-peu près, où elle se trouvait au commencement. Toutefois, pendant les six derniers mois de ce temps, ce sera aux autorités locales à prendre les mesures que nécessiteront les circonstances, pour lever toutes les restrictions temporaires dont la cessation ne pourra entraîner ni danger, ni trouble, et pour admettre les nouveaux émancipés à la jouissance de la même liberté de volonté et d'action que les autres classes d'habitans. On pourrait leur permettre de contracter des engagemens avec leurs anciens maîtres, au service desquels ils resteraient pendant un temps plus ou moins long, aux conditions convenues entre eux, conditions que l'expérience leur aurait enseigné à régler de la manière la plus avantageuse possible pour l'une et l'autre partie; ou bien ils changeraient de résidence et s'engageraient avec d'autres maîtres, s'ils croyaient gagner à ce changement. Ils pourraient encore s'établir comme artisans ou marchands, pour leur propre compte; ou enfin il ne tiendrait qu'à eux de louer ou d'acheter des terres qu'ils cultiveraient avec leurs familles; tantôt s'engageant à travailler régulièrement à la journée, pendant un certain temps, tantôt prenant les mêmes travaux à l'entreprise, comme ils l'aviseraient pour leur plus grand intérêt. Mais il serait nécessaire que toutes ces combinaisons fussent prévues trois mois au moins avant l'expiration du *temps probatoire*, afin que ceux qui doivent faire travailler et ceux qui doivent travailler eussent le temps convenable pour préparer et arrêter les arrangemens que nécessiterait ce changement de situation; il faudrait aussi que les maîtres et les ouvriers en fussent avertis d'avance et en temps convenable.

S'il se trouvait néanmoins des cultivateurs ou ouvriers hors d'état de prouver d'une manière satisfaisante pour les autorités qu'ils ont une industrie quelconque, et qu'ils peuvent gagner honnêtement leur vie par leur travail; ou, s'il y en avait qui n'eussent formé aucune espèce d'engagement, de telle sorte qu'il y eût lieu de craindre qu'ils ne se livrassent au vagabondage ou ne fussent à charge à la colonie, ce serait alors aux autorités à les sommer de se louer pour un temps limité, pour une année, par exemple : et dans le cas où ils refuseraient de le faire de bon gré, ils y seraient contraignables par tout moyen légal; on pourrait même user à leur égard de l'emprisonnement ou des travaux forcés, s'ils s'obstinaient à errer et à vivre dans l'oisiveté, jusqu'à ce qu'ils eussent fait choix d'une occupation dont le produit pût fournir à leurs besoins et à ceux de leurs familles.

Ce système serait parfaitement conforme, non-seulement à

l'esprit, mais à la lettre même de la constitution anglaise. (Voyez *les Commentaires de Blackstone*, liv. Ier, p. 424 et 427.)

Après avoir exposé le plan d'après lequel nous concevons qu'on puisse, sans danger et même avec un avantage réel, abolir l'esclavage, il nous reste à répondre à une objection qui a été faite.

On a prétendu que cette substitution de cultivateurs à gages aux esclaves induirait nécessairement les planteurs en des frais auxquels il leur serait impossible de faire face, et que l'adoption du plan proposé les forcerait à abandonner la culture de leur propriétés. A cette objection, nous répondons :

Sous l'empire de l'*ancien* système, le planteur avait à supporter certaines dépenses ou mises-hors pour tous ses esclaves, jeunes et vieux; pour ceux qui travaillaient comme pour ceux qui ne travaillaient pas.

Sous le *nouveau* système, il se trouve affranchi de ces mises-hors, et ses avances se bornent au paiement des gages de ceux qu'il emploie réellement, et pour un travail effectif.

Sous l'*ancien* système, il fallait quelquefois qu'il fournît à ses esclaves des habitations, et toujours qu'il mît à leur disposition des jardins où ils pussent cultiver des vivres.

Sous le *nouveau* système, il reçoit un loyer pour les maisons bâties à ses frais et pour les lots de terre qu'il donne à ses ouvriers.

Sous l'*ancien* système, point d'autre stimulant que le fouet, pour exciter au travail; et l'esclave avait un intérêt direct à faire le moins d'ouvrage possible pour son maître.

Sous le *nouveau* système, au moyen des salaires, et des travaux à la tâche, le cultivateur a intérêt à s'évertuer, à faire le plus d'ouvrage que sa santé et ses forces le lui permettent, et dans le moins de temps possible.

Sous l'*ancien* système, surveillance constante, indispensable, minutieuse, de la part des gérans ou conducteurs; et de là, une dépense considérable.

Sous le *nouveau* système, suppression presque totale de ces frais de surveillance, surtout si l'on donne la préférence au travail à la tâche.

Sous l'*ancien* système, le planteur n'a aucune raison suffisante pour chercher à abréger le travail de l'homme ; comme il lui faut toujours un certain nombre de cultivateurs pour faire sa récolte, il est obligé de chercher à les occuper toute l'année.

Sous le *nouveau* système, cette nécessité d'occuper toujours le même nombre d'hommes pendant toute l'année n'existe plus ; car une grande partie de l'ouvrage auquel il faut appliquer ces bras inutiles, hors du temps de la moisson, pourrait être exécutée par d'autres moyens, et à bien meilleur marché, que par un procédé purement manuel.

Supposons, en effet, qu'une trentaine de bons cultivateurs puissent, à la houe, et en vingt jours, fouir vingt acres de terre et y faire les trous destinés aux cannes, à 2 *shillings* par jour chacun ; c'est une dépense de 60 liv. sterl. En donnant ce travail à la tâche, on diminuerait, sinon les frais, du moins le temps qu'on y met ordinairement. Mais si nous supposons qu'en employant la charrue et les animaux, avec un homme et un jeune garçon pour conduire la besogne, le même champ pût être également bien préparé dans le même espace de vingt jours, le nombre des travailleurs se trouve tout d'un coup réduit de trente à deux, et les frais de 60 liv. sterl. à 4. L'achat d'une charrue est peu de chose, et ce que coûterait le bétail serait presque compensé par l'engrais qu'il fournirait, et la viande qu'on en tirerait en dernière analyse. La nécessité même où se trouverait le planteur de payer ces 60 liv. sterl. aux ouvriers qu'il emploierait pour cette opération l'amènerait, pour son propre intérêt, à substituer la charrue au travail des bras, dans tous les cas où cette substitution serait praticable.

Il y aurait à cela une très-grande économie ; et pourtant la charrue, quoique d'un usage universel dans toutes les parties du monde, pour le labour, et au Bengal et à Java, pour la culture du sucre, est rarement employée dans les Indes occidentales. Les propriétaires des Indes occidentales allèguent pour leur défense qu'une grande partie des terres à sucre ne peut être labourée à la charrue. Le fait est que les terres qui n'admettent pas ce genre de labour sont en très-petit nombre, et ces terres, s'il en est, pourraient être converties en pâtures, et appropriées à la culture de quelques autres produits.

En outre, aux Indes occidentales, la distribution des engrais s'exécute, le plus ordinairement, en les faisant transporter dans les champs, dans des paniers que des hommes et des femmes portent sur leur tête. Un léger charriot, attelé de chevaux ou de bœufs, avec deux ou trois hommes pour charger, décharger et répandre l'engrais, suffirait pour cette opération, qui serait terminée dans le même espace de temps et beaucoup mieux qu'en y employant une troupe d'esclaves.

Il nous serait facile de faire ainsi successivement la critique de tous les détails de la misérable économie des plantations, telle qu'on la trouve établie sous le système des esclaves, et de démontrer comment, par le système des cultivateurs libres dûment et régulièrement salariés, on arriverait à abréger le travail des hommes, et à augmenter les bénéfices du planteur.

Mais, dit-on, que deviendraient alors les bras inutiles, sans parler de cette pullulation rapide de nègres, suite nécessaire de l'émancipation ? Peut-on bien faire sérieusement une semblable question, quand il s'agit d'un pays où il y a encore une si grande quantité de terres en friche, et où tout cultivateur qui ne trouverait pas à s'occuper pourrait ou en louer ou en acheter ce qu'il lui faudrait pour produire les moyens de sa subsistance et celle de sa famille ?

Pour faciliter ces changemens et autres semblables, le gouvernement a l'intention d'allouer aux colons une indemnité de 20,000,000 sterling, somme qui nous parait excéder la valeur de tous les esclaves que renferment les possessions de l'Angleterre. Mais qu'on leur accorde cette somme ou toute autre, nous sommes sûrs qu'il n'y a pas d'indemnité qui puisse produire l'effet qu'on se propose, si l'on continue les primes et si l'on prolonge les droits actuels en faveur du sucre des colonies anglaises, à l'exclusion du sucre de l'Inde, de l'archipel de l'Inde ou de toute autre contrée où le sucre est cultivé et fabriqué par le travail libre, comme la Chine, Siam, Haïti, Mexico, Venezuela, etc. Il peut y avoir de bonnes raisons pour exclure les sucres des colonies françaises et espagnoles, et celui du Brésil, jusqu'à ce que les gouvernemens à qui appartiennent ces possessions imitent notre politique; mais il ne peut y en avoir pour imposer une privation aux habitans de l'Angleterre, ou leur faire subir une augmentation dans le prix d'une denrée qui est devenue d'une consommation aussi universelle que le sucre, en maintenant le monopole colonial contre le sucre provenant du travail libre, dans quelque partie du monde que ce soit, et particulièrement contre celui de nos possessions orientales. Dans ce que ces contrées nous en fournissent, nous trouverons aisément de quoi combler le déficit qui pourra se trouver dans les produits de nos colonies actuelles à esclaves; tandis que ces mêmes colonies ne seront plus exposées à une tentation sous l'influence de laquelle on les met aujourd'hui, celle de continuer à ne cultiver que du sucre, et cela à leur propre détriment. Nous sommes fermement persuadés qu'aussi longtemps que ces droits et leur trompeuse protection seront maintenus, jamais nous ne verrons prospérer nos colonies à sucre; leur agriculture sera contrariée, arrêtée dans ses progrès, et jamais leurs ressources n'acquerront tout leur développement. L'abolition de ces restrictions n'est en effet qu'un acte ordinaire de justice distributive à l'égard de nos frères de l'orient, et de plus elle contribuera régulièrement à notre prospérité commerciale, tandis qu'elle sera comme une prime offerte à la cause de la liberté dans toutes les parties du monde. Mais c'est surtout à nos planteurs que nous devons cet acte de justice, à nos planteurs dont la prospérité ne fera jamais les progrès dont elle est susceptible, tant que ces étais à l'indolence, à l'imprévoyance, à l'incurie, qui paralysent toute tentative d'amélioration, ne seront pas détruits avec l'esclavage qui leur a donné naissance. Car quelle autre cause que le pernicieux système de l'esclavage, avec la trompeuse protection, et les primes qui sont comme son cortége, a pu tenir les Indes occidentales dans cet état de langueur où nous les voyons ? A quelle autre cause faut-il s'en prendre, si aujourd'hui encore une misérable houe, soulevée par les faibles mains d'hommes et de femmes que le fouet fait marcher, est en général le seul instrument dont on fasse usage pour retourner la terre, comme s'il n'existait ni charrue ni bestiaux qu'on pût y employer ; si tous les perfectionnemens de l'agriculture moderne sont presque inconnus dans les colonies ; si l'on s'obstine à épuiser le sol en lui demandant invariablement les mêmes récoltes, sans repos ni changemens ; si dans un climat parfaitement analogue à la constitution de la population noire, elle ne cesse d'y subir une diminution progressive et rapide ? Toutes ces circonstances et une foule d'autres qu'il serait trop long d'énumérer, sont autant d'anomalies qu'on ne peut expliquer qu'en les attribuant à l'influence flétrissante de l'esclavage, et aux moyens factices par lesquels on s'efforce de le soutenir. Quel cours différent les choses n'eussent pas manqué de prendre dans nos colonies si l'on avait suivi un autre système ! Et ce qui est une considération bien plus importante, quel cours différent elles prendraient bientôt, si on les affranchissait de tous les effets destructeurs du système actuel ! S'il y a quelque chose de vrai dans l'histoire, quelque chose de certain dans la science politique, nul doute que la chute d'un tel système, et des lois restrictives qui le maintiennent, ne procurât aux colons plus d'avantages qu'à aucune autre classe de la société.

Et si le planteur, mieux éclairé sur ses intérêts véritables, changeait entièrement de système, s'il adoptait des améliorations dont il ne peut contester les avantages pour lui-même; s'il se trouvait dans la nécessité de résider sur sa propriété, et de s'épargner ainsi les frais ruineux d'agens éloignés, et d'échapper aux effets non moins ruineux de l'infidélité et de la désobéissance de ces agens; si la charrue attelée de bestiaux, la charrue aujourd'hui presque inconnue dans les colonies à esclaves, devenait d'un usage générale, et remplaçait la houe dans les faibles mains des hommes et des femmes; si l'on appliquait à d'autres branches de leur agriculture les instrumens et les machines qui peuvent s'y adapter; si l'on variait les récoltes; si l'on adoptait un système d'engrais et d'amendement propre à améliorer un sol qui s'épuise sans cesse sous la culture par des esclaves; si les femmes, au lieu d'être condamnées à des fatigues qui les frappent de stérilité et abrègent leur vie, appelées à une existence moins dure, devenaient ce que sont les femmes de Mexico, celles des marrons de la Jamaïque, ou celles des classes de couleur libres dans toutes les colonies, les mères de familles nombreuses; si la population ouvrière, au lieu de s'éclaircir d'année en année, comme aujourd'hui, prenait au contraire un accroissement rapide, et si le sol, à mesure que la population augmenterait, devenait proportionnellement plus fécond, et donnait au propriétaire des produits toujours croissans; qui oserait dire que les planteurs n'eussent pas immensément gagné à l'extinction de l'esclavage?

L'exposé du projet ci-dessus et les observations qui le suivent prouvent suffisamment combien serait préférable au système d'apprentissage celui des travaux libres, régulièrement et justement rétribués, que l'on propose d'y substituer. La simplicité et l'efficacité du dernier sautent aux yeux, et il ne pourrait manquer d'amener avec lui une infinité d'autres avantages que nous n'avons pas aujourd'hui le temps de développer.

Londres, 10 mai 1833.

CHAPITRE V.

DES EXTRAITS DES DEUX ARTICLES PUBLIÉS DANS LES NUMÉROS DE DÉCEMBRE 1833 ET DE JANVIER 1834, DANS LA REVUE MENSUELLE D'ÉCONOMIE POLITIQUE , SUR LA CONDITION DANS LAQUELLE IL CONVIENT DE PLACER LES NÈGRES EN LES AFFRANCHISSANT , PAR J.-C.-L. DE SISMONDI.

« Depuis un demi-siècle la question de l'abolition de l'esclavage est débattue en France comme en Angleterre. Les colons ont long-temps opposé leur intérêt personnel, ou ce qu'ils ont cru leur intérêt, aux préceptes de la religion, de la justice et de l'humanité; long-temps ils ont repoussés au nom du commerce, de la navigation, de la prospérité nationale, au nom du profit enfin, la recommandation de s'abstenir de ce que la conscience de tous reconnaissait pour un grand crime. Bientôt en France l'attention a été distraite de cette question, sur laquelle l'opinion n'a jamais hésité. Des résolutions imprudentes ayant produit, il y a quarante ans, de grandes calamités, le public a douté de lui-même; il s'est reconnu incompétent; il a chassé de sa pensée toute méditation sur un sujet qui lui présentait de grands crimes, de grandes souffrances, et des embarras inextricables. Assez d'autres graves révolutions l'occupaient forcément, tandis qu'une distance immense le séparait des pays où un esclavage qu'il détestait était maintenu. D'ailleurs, un petit nombre de Français était engagé dans des spéculations ou de traite, ou de plantation, et leurs intérêts se trouvaient rarement en contact avec ceux de leurs concitoyens. Mais si la France n'a plus montré dès lors d'ardeur pour l'abolition de l'esclavage, si elle ne s'en est, en quelque sorte, plus occupée, jamais la conscience publique n'a reconnu l'esclavage; jamais les hommes qui pensent et qui sentent n'ont cessé de déclarer que le système selon lequel les colonies sont administrées est aussi criminel que dangereux; que chaque homme, quelles que

soient sa race et sa couleur, a droit à la protection des lois, et
à la libre disposition de sa personne et de son travail; que s'il est
soumis à des châtimens, sans tribunaux et sans lois; que s'il
souffre tout ce que l'homme peut souffrir sans avoir commis
d'injure; que s'il est contraint à travailler pour autrui sans salaire, il éprouve un degré de violence et d'injustice qui met
en danger la société tout entière.

« Cependant, un grand événement, un événement sans exemple encore dans l'histoire du monde, vient aujourd'hui pro-
voquer une décision presque immédiate sur une question que
la politique aurait peut-être, en dépit de la morale, ajournée
plusieurs années encore. La nation d'Europe qui a le plus d'esclaves, la nation peut-être qui a le plus péché contre la race
nègre, et pour qui la réparation était le plus difficile, vient,
avec une admirable générosité, de racheter ceux qu'elle avait
privés de leurs droits, et de racheter elle-même de ses re-
mords. L'Angleterre, accablée de dettes, tourmentée par
la souffrance de sa population ouvrière, dont le travail ne
suffit pas pour lui assurer le nécessaire; l'Angleterre, qui porte
sur toutes les parties de ses dépenses des regards inquiets, pour
les soumettre à une plus sévère économie, vient de voter
20,000,000 de livres sterling ou 500,000,000 de francs, pour
racheter toutes les victimes de l'odieux brigandage que des
lois qu'elle se reproche avaient autorisé.

« La plus grande partie de la population nègre dans les îles
du golfe du Mexique va donc être rendue à la liberté. Il serait
injurieux pour la France de supposer qu'elle continuera à
prêter la main aux colons, pour les maintenir dans l'exercice
d'une criminelle violence sur des hommes que les Français
considèrent comme des égaux, et pour consacrer un monopole
que la France, en général, regarde comme injurieux pour
elle-même. Il serait injurieux pour la France de supposer
qu'elle manquera de prudence autant que de loyauté; qu'elle
ne comprendra pas la puissance de l'exemple sur ses propres
esclaves, le danger croissant de ses colonies, les sacrifices tou-

jours coûteux auxquels elle serait appelée, pour défendre, contre des révoltes journalières, un système que réprouvent également la morale et l'intérêt.

« L'affranchissement des nègres dans les colonies françaises est un fait prochain qui ne peut plus être retardé, qui ne peut plus être mis en doute. Il ne reste plus qu'à songer à rendre la transition du système de l'esclavage à celui de la liberté la plus heureuse et la plus douce possible; qu'à assurer l'industrie, le progrès et le bonheur des affranchis; qu'à sauver la fortune de ceux qui l'avaient engagée dans des entreprises que la morale condamne, mais que sanctionnait la loi de leur pays; qu'à conserver enfin la culture et la civilisation dans des pays où de grandes richesses matérielles avaient été créées. »

« Mais l'Angleterre a choisi probablement la manière la plus dispendieuse de s'acquitter envers les colons comme envers les nègres, et quoique cet acte éclatant de justice et de générosité excite notre admiration, nous ne croyons point qu'elle ait fait ni ce qu'il y avait de plus convenable pour maintenir la prospérité de ses colonies, ni ce qu'il y avait de plus avantageux pour les nègres eux-mêmes, afin de les élever au rang de cultivateurs propriétaires et intelligens. Une révolution aussi importante n'a pu être accomplie qu'à l'aide des passions politiques; ce sont les plus nobles de toutes, la compassion, la charité chrétienne, dont la fermentation a été excitée; mais enfin ce sont des passions, aussi ont-elles agi avec précipitation et en aveugles. Les amis des nègres ont voulu atteindre leur but, l'affranchissement; ils se sont à peine donné le temps d'en calculer les moyens, d'en prévoir les conséquences. Il appartient à la France de faire mieux que n'a fait l'Angleterre. »

« La France est calme, trop calme sans doute, sur cette question, mais elle a d'autre part un souvenir encore bien récent de ce qui a été fait dans sa propre enceinte pour affranchir des serfs et des gens de main-morte français. Elle a une expérience complète et variée des diverses conditions auxquelles la terre peut être cultivée, et du degré d'aisance, de bonheur ou d'intelligence qui en résultent pour ses propres paysans. »

« Le plan d'affranchissement que M. Stanley a fait adopter au parlement d'Angleterre place d'abord la population nègre et ci-devant esclave des colonies dans un état transitoire, désigné par le nom d'apprentissage, qui ne doit pas excéder six ans. »

« Le nom d'apprentissage ne doit point faire illusion ; le maître ne s'engage point à enseigner quelque chose à ses esclaves, ou à leur demander un autre savoir-faire que la continuation de celui auquel le fouet les avait façonnés.» « L'apprentissage est une sorte d'esclavage déguisé. »

Après une énumération très-juste des inconvéniens du système, M. Sismondi remarque :

« Tels sont les inconvéniens pratiques qui à la première vue semblent devoir résulter de tout ce système d'apprentissage, tandis qu'il est difficile de comprendre à quoi sert cet état de transition, et comment les nègres, après six ans passés à disputer chaque jour sur le travail qu'ils donnent ou les alimens qu'ils reçoivent, seront plus propres à la liberté. »

« La plus grande partie de la France comme de l'Europe méridionale est encore cultivée par des métayers ou tenanciers à moitié fruits. Ce système a été remplacé par les grandes fermes dans les riches plaines qui ne produisent guère que des céréales et des bestiaux, où le fermier est appelé à faire valoir un capital considérable, et où il y a de l'économie à diriger beaucoup d'ouvriers à la fois, et à unir dans les marchés les habitudes et les connaissances des négocians à celles des cultivateurs.

« Dans quelques provinces de France où il y a peu de grandes villes, peu de richesses, où les lumières ont peu pénétré, on a accusé les métayers d'être attachés avec obstination à leurs anciennes habitudes, de retarder les progrès de l'agriculture, comme ils repoussent toutes les idées nouvelles en politique et en religion. Mais dans d'autres parties de la France, dans les plus riantes et les plus soignées, celles où la vigne, l'olivier, le mûrier, le figuier, le câprier et le safran récompensent le mieux les soins du cultivateur, la prospérité des campagnes a été l'ouvrage des métayers; c'est à leur intelligence, à leur zèle, à cette activité que l'association à la propriété peut seule stimuler, que sont dus tous les succès obtenus, et la province de l'Italie où la science rurale a produit les plus admirables résultats, la Toscane, avec son agriculture cananéenne, ses terrasses élevées, ses vins, ses huiles, ses fruits exquis, son terrain qui ne se repose jamais, et qui devient chaque année plus fertile, doit ses admirables produits à la culture par métayers. Dans ces conditions différentes, avec des races d'hommes qui n'ont entre elles aucun rapport, un trait commun se retrouve partout où le système des métayers est introduit. Il y a union intime entre les propriétaires et les paysans ; il y a protection d'une part, affection, respect et confiance de l'autre ; il y a les résultats d'une longue habitude de confondre toujours tous leurs intérêts, de ne les opposer jamais, de gagner l'un par l'autre, et de ne jamais avoir occasion de se surfaire ou de profiter des besoins l'un de l'autre.

« C'est le contrat de métayer qui a remplacé le plus heureusement en Europe l'ancien esclavage, c'est le contrat de métayer qui peut le mieux le remplacer dans les colonies. »

« L'établissement du système des métayers est bien plus facile dans les colonies françaises que dans les anglaises, car il ne s'agit pour les colons français que de revenir aux habitudes de la mère-patrie. Probablement plusieurs d'entre eux ont aujourd'hui même des métayers dans leur ancien patrimoine en France, ou dans celui de parens chez lesquels ils ont passé leur jeunesse ; ils connaissent ce contrat et ses avantages, ils ont été accoutumés au respect et à l'affection que leur témoignaient ces hommes dépendans de leur famille ; ils ont pu juger ainsi que des hommes qui ne savaient ni lire ni écrire, qui ne parlaient point le même langage qu'eux, dans la Basse-Bretagne par exemple, qui n'avaient aucune habitude ni d'aisance, ni de propreté, ni d'ordre, qui semblaient n'avoir d'autres goûts que l'indolence et la paresse, étaient cependant assez éveillés par l'intérêt personnel, pour procurer à leurs maîtres de bonnes rentes.

« Les Anglais au contraire n'ont point eu de métayers dans leur île depuis quatre ou cinq siècles, et ceux de leurs économistes qui ont parlé de ce contrat, se sont complètement mépris sur ses conditions. Je n'ai aucun doute que les colonies prospèreraient si elles étaient cultivées par des métayers, que les produits augmenteraient, que les revenus des propriétaires iraient croissans, et qu'ils n'auraient plus besoin pour favoriser leur industrie d'un monopole exercé contre toute la France. Mais encore qu'ils y trouvassent leur profit aussi bien que leur sécurité, encore qu'ils cessassent ainsi de mériter le reproche d'abuser du droit de la force, de prendre ce qui n'est pas à eux, le travail d'autrui, et de garantir leur rapine par la cruauté, souvent par d'atroces supplices, il ne faut pas s'attendre qu'ils renoncent jamais volontairement au pouvoir. Quel souverain abandonne une possession, parce qu'elle était pour lui dispendieuse? Quel homme renonce volontairement à une autorité, parce qu'il ne pourrait l'exercer sans dépense, sans fatigue, sans danger même. L'amour du pouvoir a dans le cœur de l'homme des racines plus profondes que l'amour de la richesse; il ne faut pas croire qu'on l'extirpe un Barême à la main, par un compte de sols et de deniers. Si nos ancêtres abandonnèrent leur pouvoir sur leurs serfs d'Europe, c'est qu'ils l'échangèrent contre un pouvoir qui les flattait davantage encore, celui de la guerre privée. Ils voulurent de leurs serfs faire des soldats, pour se venger, pour opprimer leurs voisins ou les bourgeois des villes; l'accroissement de leurs richesses fut la conséquence de cette transformation, mais elle leur vint sans être calculée, sans qu'ils eussent compté dessus, et les moines, malgré l'exemple du profit qu'y trouvaient les chevaliers, furent les derniers à affranchir leurs serfs, parce qu'ils n'avaient point autant d'envie de guerroyer. »

« Une chose cependant ne doit point être abandonnée à de

nouveaux essais, c'est la condition même du partage. La loi doit prononcer que la culture se fait à moitié fruits, elle doit publier et sanctionner les conditions du bail de métairie, tel que l'usage l'a réglé dans les provinces les plus prospérantes de France. »

« Dans un pays qui sort de l'esclavage, dans un pays où toute la population travaillante serait appelée à la fois à se faire concurrence, où la faim la presserait, tandis que ses maîtres peuvent attendre et ne point offrir de l'employer, où le premier des avantages c'est de réconcilier, d'unir par la conformité d'intérêts, par la confiance et la protection, la race blanche et la race noire, on préparerait, au contraire, le massacre, l'incendie et la guerre civile, si on mettait ces deux races en opposition, si on les forçait à débattre chaque jour de nouveau leurs droits, à mesurer toujours avec plus de rigueur combien il faut peu à la plus opprimée pour vivre. C'est le danger que court l'Angleterre avec le plan qu'elle a adopté et le but qu'elle se propose; c'est un danger qui fait frémir, quand on pense aux ressentimens des maîtres contre leurs ci-devant esclaves; quand on se souvient qu'en suspendant le travail, qu'en refusant tout salaire aux journaliers, ils peuvent les condamner à mourir de faim, et qu'il n'y a point de sympathie entre les deux races, point de charité, point d'aumônes à attendre du riche, comme point de taxe des pauvres pour sauver le nègre de la mort. Puisse l'Angleterre éviter ces dangers, et recueillir, de la liberté qu'elle va rendre à l'Africain, des avantages proportionnés à son généreux sacrifice! Mais puisse aussi la France s'éclairer par toutes les expériences sur l'affranchissement des esclaves qui se sont faites chez ses rivaux et chez elle-même, dans son vieux continent et dans le Nouveau-Monde, de manière à créer en faveur des nègres ce qui existe chez elle et ce qui exista dans les royaumes de Grenade et de Valence, quoique les cultivateurs y fussent des Maures, différens d'avec leurs maîtres par la religion, la couleur et la race! Puisse la France élever aux

Antilles une classe de paysans heureuse, industrieuse, quoique noire, affectionnée au sol qu'elle cultive, affectionnée au maître avec lequel elle partage ses produits, tranquille sur son sort, assurée de son avenir, élevant ses enfans avec confiance pour qu'ils la remplacent, avec connaissance certaine du sort et du poste qu'elle leur destine, pour que la génération naissante demeure toujours affectionnée à celle qui s'en va ! Puissent ces beaux climats qui ont vu tant de souffrances et tant de crimes, après avoir éprouvé ceux de l'esclavage, ne jamais connaitre ceux que la concurrence, ceux que la lutte pour obtenir beaucoup de travail et un peu de pain, font éprouver aujourd'hui aux habitans des cabanes de Kent, et à ceux des huttes de l'Irlande, au milieu de l'opulence, et au nom de la liberté!   J.-C.-L. DE SISMONDI.

Quelques observations sur cet article ayant été adressées par un colon, M. de Cools, au rédacteur de la *Revue mensuelle de l'économie politique* de janvier 1834, une réponse de M. Sismondi fut insérée dans le numéro de la même revue pour février 1834. — Voici cette réponse :

« M. de Cools a sur moi un très-grand avantage ; il connait très-bien les colonies, leurs cultures, et les races d'hommes qui les habitent, tandis que je ne m'en suis jamais approché ; aussi, n'ai-je point prétendu tout prévoir, tout arranger, pour une expérience que je reconnais être difficile et délicate. Il signale quelques-unes de ces difficultés, que j'avais compté que le concours éclairé des propriétaires ferait disparaître. La première, c'est de trouver des nègres mariés et remplissant les devoirs qu'impose la famille. Il rappelle le fait lamentable que les liens de famille sont rares parmi les esclaves, et qu'ils préfèrent les affections du libertinage à celles de la vie conjugale. Quand on songe à la condition du mari esclave, à tout ce qu'il peut avoir à souffrir dans sa femme, dans ses enfans, on s'étonne qu'un seul d'entre eux consente à se marier. Cependant c'est dans le mariage qu'on trouve peut-être le principe de la société humaine ; de ce lien procèdent presque tous les devoirs comme toutes les affections. Il n'y aura pour le nègre de moralité, d'avenir, que si on lui rend la vie conjugale. Mais ce serait précisément le premier résultat de mon projet. Si les rachats sont successifs, si les familles les plus morales comme les plus industrieuses sont les premières rachetées, le plus puissant des intérêts convierait les nègres au mariage et au respect pour les liens de la famille. De nouveau, M. de Cools remarque qu'il serait injuste de n'assurer aucun dédommagement au maître, lorsque, malgré ses directions éclairées, son nègre n'aurait point répondu à ses espérances, et n'aurait pu s'élever à la condition de métayer. Je pense entièrement comme lui, mais je vais plus loin : je crois nécessaire de reconnaître une condition pénale, comminatoire, dans laquelle le magistrat pourrait renvoyer le nègre qui se serait montré indigne ou incapable d'être métayer. Cette condition serait celle du serf de Pologne, travaillant alternativement son champ qui doit le faire vivre avec sa famille, et le champ de son maître, auquel il doit sa corvée. Cette condition intermédiaire entre l'esclavage et la liberté n'est point celle qu'il convient ni aux maîtres, ni aux esclaves, ni au pays, de rendre universelle ; mais elle peut servir à la fois et de transition et d'éducation pour les mauvais sujets entre les nègres. Plût à Dieu que nous en fussions venus au moment d'organiser ces détails !

« Le but principal de la mesure que j'ai proposée, c'est d'élever les nègres à l'état de paysans. J'ai voulu montrer que c'était comme métayers qu'ils pouvaient le plus facilement, le plus sûrement demeurer cultivateurs. Mais M. de Cools objecte que le bail des métayers a été tenté sans succès dans les colonies ; ses exemples me semblent manquer tellement d'analogie, qu'ils sont bien peu concluans. Le premier est Haïti ou Saint-Domingue ; M. de Cools ne dit pas que ce bail y ait été reconnu impraticable, mais qu'il a contribué à y faire abandonner les cultures coloniales. Un propriétaire mulâtre, d'Haïti, m'avait assuré que le bail des métayers y était d'un usage fort général, et que la part des cultivateurs y était fixée à la moitié de toutes les autres récoltes, au quart de celle du sucre, dont la valeur revient en effet à peu près à la moitié du produit brut. Un voyage bien fait, par un bon observateur, qui ne serait ni planteur, ni abolitioniste, dans toutes les parties d'Haïti, et au centre de ses cultures, serait peut-être l'ouvrage le plus utile pour éclaircir toutes les questions qui se discutent aujourd'hui. L'ignorance sur l'état réel de cette grande île s'est signalée à plusieurs reprises, en Angleterre, dans toute la suite de la discussion (1).

« Mais, en attendant un tel rapport, nous avons tout lieu de croire en effet que la culture des produits destinés à l'exportation a été en grande partie abandonnée. Les Haïtiens ont agi en hommes sensés, quand ils leur ont préféré des produits qu'ils consomment eux-mêmes. Ils n'ont aucune faveur particulière à attendre sur les marchés de l'Europe, aucun motif pour alimenter un commerce et une navigation qui ne sont pas entre leurs mains. Ils produisent ce qu'ils doivent consommer eux-mêmes ; c'est toujours la plus profitable des industries.

« Ce n'est pas tout : le moment est probablement venu, pour les colons français eux-mêmes, de contempler, surtout dans la culture de leurs plantations, les consommateurs plus rapprochés d'eux. M. Cools déclare « que la culture de la « canne à sucre est la seule sur laquelle on puisse fonder l'es- « poir de la conservation des fortunes existantes. » S'il en est ainsi, la condition des colons est très-fâcheuse, car le gouvernement ne peut empêcher que la culture de la canne ne devienne tous les jours moins profitable : ce n'est point ici une question d'esclavage ou de liberté ; c'est une conséquence

____

(1) La brochure sur Haïti, vendue par Hachette, rue Pierre-Sarrasin, n'avait pas encore été publiée au temps que M. de Sismondi écrivait cette lettre à M. Cools.

inévitable d'une production qui égale, qui dépassera bientôt les besoins de la consommation. Autrefois, cette culture était renfermée dans quelques petites îles qui exerçaient un monopole contre tout l'univers ; aujourd'hui elle s'est étendue sur de vastes continens où l'on trouverait encore de nouvelles terres à sucre de quoi en produire bien plus que l'univers n'en peut consommer. L'introduction de la canne à sucre des îles de la mer du Sud a en même temps augmenté la quantité produite par une mesure donnée de terrain. Les plantations se sont étendues démesurément dans la Guyane, le Vénézuela, le Brésil, quelques parties du Mexique, l'île de Cuba. Les Anglais trouveraient à Démérara seulement assez de terre à sucre pour produire tout celui que demande l'Europe. Comment alors la culture du sucre serait-elle seule profitable, ou serait-elle plus profitable qu'une autre ? Car s'il y a une règle sans exception en économie politique, c'est qu'une concurrence sans bornes rétablit l'équilibre entre les profits des industries diverses. Le gouvernement doit aux planteurs la garantie des champs fertiles qu'ils possèdent, il ne leur doit point celle des profits que des circonstances fugitives leur permettent de faire en les cultivant. La nature a doté ces champs bien plus richement que ceux de l'Amérique septentrionale ; elle leur a donné un sol fertile, un climat délicieux, des eaux abondantes, un soleil fécondant ; il ne leur manque que des consommateurs, car les esclaves ne consomment presque rien ; l'aisance des nègres rendrait une valeur aux produits de la Martinique et de la Guadeloupe, qui ne sont pas destinés à un marché lointain ; quant à celui-ci, le monopole seul a pu le rendre plus profitable qu'un marché rapproché.

« M. de Cools insiste sur la pauvreté avouée de Saint-Domingue, qui se déclare hors d'état de payer l'indemnité promise, et qui demande sa réduction de 150, à 75 millions ; il rappelle que les produits bruts de cette île se vendaient, avant 1789, pour 145 millions. Sans doute, mais c'étaient des produits bruts. Quelle partie de cette somme restait aux planteurs, leurs avances déduites? Quelle proportion des revenus des planteurs passait au fisc? Quelle part enfin de l'impôt restait non absorbée, après avoir pourvu aux dépenses du gouvernement et de l'état militaire? C'est ce qu'il faudrait calculer, si l'on voulait en conclure ce qu'Haïti est en état de payer. Les négociateurs qui promirent, au nom de Saint-Domingue, l'acquittement d'une dette que la monarchie espagnole, au faite de sa puissance, aurait été hors d'état d'acquitter, me paraissent avoir étrangement confondu ces divers élémens du calcul. D'ailleurs, les plantations de Saint-Domingue avaient été détruites par la guerre, les bâtimens, les usines avaient été renversés, les capitaux dissipés, les hommes capables d'appliquer à l'industrie leur science ou leur habileté, exilés. Que l'on suppose les mêmes événemens arrivés en France; que l'on y représente les paysans demeurés seuls, sans capitaux, sans sciences, sans éducation, en face des ruines des villes et des ateliers, et qu'on se demande si, tout libres, tout intelligens qu'ils sont, les produits de leur industrie auraient aucune proportion avec ceux de la France actuelle? L'expérience de Saint-Domingue me semble avoir eu des résultats plus avantageux qu'on n'aurait dû s'y attendre. C'est un pays désolé par la guerre, la révolution, et une longue anarchie; un pays qui a perdu presque tous ses édifices, presque tous ses capitaux fixes et circulans; un pays qui a perdu toute la partie de sa population qui avait reçu de l'éducation et développé son intelligence; un pays sans crédit au dehors, sans sympathie de la part des autres peuples, et il a cependant réussi à payer son gouvernement et son établissement militaire, ce que Saint-Domingue, au temps de sa plus haute prospérité, n'avait jamais fait; il suffit à lui-même, sa population s'accroît, elle jouit de plus de sécurité que celle de beaucoup de pays d'Europe; l'aisance n'y est point rare, et l'échange de son superflu lui suffit encore pour entretenir quelque commerce au dehors.

« M. de Cools oppose ensuite au système des métayers l'expérience faite, en 1794, à la Guadeloupe et à la Guyane, le
régime de la terreur substitué à celui de la propriété ; le travail encouragé par le sabre et la baïonnette, non par des récompenses ; l'esclavage enfin, non point aboli, mais confisqué
au profit de l'armée. Je lui demande à lui-même, y a-t-il le
moindre rapport entre cet état de violences et de brigandages,
et l'établissement régulier, successif, des métairies par les mains
et au profit des maîtres actuels ? Le tableau si animé qu'il a
tracé du régime de la terreur dans ces deux colonies n'enga-
gera personne à demander, comment n'a-t-il pas réussi, mais
plutôt, comment les noirs n'y ont-ils pas succombé ?

« Après avoir écarté ces exemples, si peu en rapport avec
la situation actuelle, et les extraits des débats parlementaires
anglais, je me demande quelles sont les objections restantes
dans l'écrit de M. de Cools, et je ne vois que celles que j'avais
prévues moi-même sur le penchant des nègres à l'oisiveté, ou
leur insouciance ; encore trouvé-je chez lui une énumération
frappante (page 96) de tout ce que le nègre sait produire,
dans les colonies françaises, par son travail libre du samedi,
et une appréciation loyale (page 111) de tout ce qu'on peut
attendre de la race nègre, lorsque sa vanité est flattée, et qu'elle
a sous les yeux l'exemple d'une aisance progressive.

« Mais admettons que le nègre soit aussi paresseux que l'Espagnol, qu'il se résigne, comme lui, à toutes les privations
plutôt que de se soumettre au travail, comment arrivera-t-on
à établir qu'on ait le droit de l'y contraindre ? Je conçois qu'on
demande pour son affranchissement l'emploi des moyens les
plus graduels, le temps, l'éducation, l'exemple, parce que son
propre avantage est le but vers lequel tend cette progression,
et qu'il justifie jusqu'à la lenteur apportée à sa délivrance ;
mais je ne puis l'admettre, lorsqu'on ne présente pas en pers-
pective la réhabilitation du nègre à la dignité humaine. Toute
forme d'affranchissement des esclaves actuels, qui appellerait
à faire faire le travail des champs par d'autres esclaves, serait

réprouvée par la conscience. Si l'émancipation, telle qu'elle est aujourd'hui pratiquée aux colonies, n'a pas encore donné un cultivateur libre aux campagnes, elle ne laisse pas entrevoir une espérance que l'esclavage s'éteigne jamais par son moyen. Dans le mot fameux «Périssent les colonies plutôt qu'un principe! » on avait vu avec effroi les abstractions mises à la place des réalités, et chacun sentait en soi que plusieurs de ces principes proclamés comme immortels, étaient destinés à périr. Mais certes, il y a pour la société humaine des vérités fondamentales, il y a des principes de justice, d'humanité, de religion, que nous sentons tous être d'un ordre supérieur à tous les intérêts matériels. Lorsque ces principes-là sont compromis, lorsqu'il ne reste plus qu'à choisir entre le crime et la misère, il n'y a pas un honnête homme qui ne s'élève à une maxime plus générale encore, plus absolue que celle que les colons ont réprouvée, « Fais ce que dois, advienne que pourra ».

J.-C.-L. SISMONDI.

FIN.

9 782329 006918